HISTOIRE DE MA VIE

PAR

GEORGE SAND

> Charité envers les autres ;
> Dignité envers soi-même ;
> Sincérité devant Dieu.

Telle est l'épigraphe du livre que j'entreprends.
15 avril 1847.
GEORGE SAND.

TOME TROISIÈME

L'auteur et l'éditeur se réservent le droit de traduction en toutes langues

PARIS

MICHEL LÉVY FRÈRES, LIBRAIRES-ÉDITEURS
RUE VIVIENNE, 2 bis
—
1856

HISTOIRE
DE MA VIE

L'auteur et l'éditeur de cet ouvrage se réservent le droit de le traduire ou de le faire traduire en toutes les langues. Ils poursuivront, en vertu des lois, décrets et traités internationaux, toutes contrefaçons ou toutes traductions faites au mépris de leurs droits.

PARIS. — TYPOGRAPHIE DE HENRI PLON
8, rue Garancière.

HISTOIRE DE MA VIE

DEUXIÈME PARTIE

CHAPITRE PREMIER

Mission. — La Tour d'Auvergne. — Parme. — Bologne. — Occupation de Florence. — Georges la Fayette.

LETTRE PREMIÈRE

Bologne, le 24 fructidor.

ARMÉE D'ITALIE, *LIBERTÉ, ÉGALITÉ.*

Au quartier général à Bologne, le 17 fructidor an VIII de la république française, une et indivisible.

Dupont, lieutenant général, au citoyen Dupin, adjoint à l'état-major de l'aile droite de l'armée.

Je désire, mon cher Dupin, qu'aussitôt la réception de cette lettre, vous vous rendiez à Bercello.

Vous y prendrez des renseignements sur les moyens de passage qui existent sur le Pô, depuis Crémone jusqu'à ce point. Vous y préviendrez l'administration de Bercello de l'arrivée d'un corps de troupes faisant partie de l'aile droite, ainsi que l'administration de Guastalla, afin qu'elles s'occupent de la subsistance de ces troupes, dont la force n'est pas encore déterminée, mais qui pourront s'élever à deux mille hommes sur chacun de ces deux points.

Vous descendrez le fleuve jusqu'à la hauteur de Borgo-Forte, et vous vous porterez jusqu'à San Benedetto, prenant sur votre route les renseignements les plus précis sur le nombre et la position des bacs et autres moyens de passage.

Vous tâcherez de découvrir la force et la position des postes autrichiens sur la rive gauche du fleuve. Vous vous assurerez s'ils ont un pont de bateaux à Borgo-Forte ou ailleurs. Vous vous instruirez de la position générale de leur armée, et de la force de la garnison de Mantoue.

Après avoir rempli très-rapidement ces différentes instructions, vous vous rendrez à Bologne, ou à mon quartier général si j'ai quitté cette place.

Vous prendrez avec vous un gendarme de l'escorte des bagages, et je vous autorise à prendre sur votre route les escortes de troupes qui vous seraient nécessaires.

Il est essentiel de savoir si les Autrichiens font

des mouvements de troupes qui annoncent des desseins hostiles. Si vous pouvez vous procurer quelques bons espions, employez-les ou adressez-les-moi.

Salut et amitié.

DUPONT.

Je présume que cette lettre vous trouvera à Parme.

LETTRE II

Bologne, le 24 fructidor.

DE MAURICE A SA MÈRE.

Je t'envoie cette lettre du général, ma bonne mère, pour me faire pardonner un peu, non pas mon silence, que, pour mon compte, je ne me pardonne guère, mais pour écarter un peu tes reproches et tes suppositions. Tu vois qu'en somme je ne me conduis pas de manière à perdre l'estime et la confiance, puisque j'ai été choisi sur six adjoints pour remplir une mission délicate et qui ne se confie point au premier venu. Cette preuve de mon activité et de ma conscience à faire mon métier te fera plaisir, je le sais; mais excusera-t-elle mon silence d'un mois à Milan? Ah! que tu es fine, ma bonne mère! Tu as deviné, sans que je t'en aie dit un seul mot, que j'avais été dans cette maudite Capoue, sous l'empire d'une terrible préoccupation! Ne m'interroge pas trop, je t'en prie. Il y a des choses qu'on aime mieux raconter qu'écrire. Que veux-tu! Je suis dans l'âge des émotions vives, et je ne suis pas coupable de ressentir. J'ai été enivré, mais j'ai souffert aussi. Pardonne-moi donc, et souviens-toi que j'ai quitté Milan avec joie, avec une ardente volonté de me consacrer aux devoirs de mon emploi. Plus tard je te raconterai tout de sang-froid, car déjà j'ai retrouvé dans l'agitation de mon métier le calme de mon esprit. Je me suis acquitté de mon mieux de la commission du général. J'ai parcouru en trois jours toute la ligne. Je suis arrivé hier, et le soir même j'ai eu la satisfaction de voir mon rapport, dont le général a été très-content, envoyé tout vif au général en chef. Ce n'est pas là servir en machine, et j'aime la guerre quand j'en comprends les mouvements et la pensée. C'est pour moi comme une belle partie d'échecs, au lieu que pour le pauvre soldat c'est un grossier jeu de hasard. Il est vrai que bien des êtres qui me valent sous d'autres rapports sont forcés de passer leur vie dans des fatigues obscures que n'embellit jamais le plaisir de comprendre et de savoir. Je les plains, et je partagerais leurs souffrances, si, en les partageant, je pouvais les adoucir. Mais il n'en serait rien ; et puisque l'éducation m'a donné quelque lumière, ne dois-je pas à mon pays, dont j'ai embrassé la défense avec ardeur, de mettre à son service la petite capacité de ma cervelle, aussi bien que l'activité de mes membres? M. de la Tour d'Auvergne, ce héros que je pleure, fut de mon avis quand je lui parlai ainsi : il me trouva tout aussi bon patriote que lui-même, malgré mon grain d'ambition et tes sollicitudes maternelles. Sa modestie m'a fait surtout une impression que je n'oublierai jamais, et que toute ma vie je me proposerai pour modèle. La vanité gâte le mérite des plus belles actions. La simplicité, un silence délicat sur soi-même en rehaussent le prix et font aimer ceux qu'on admire. Hélas, il n'est plus ! il a trouvé une mort glorieuse et digne de lui. Tu ne le maudis plus maintenant, et tu le regrettes avec moi !

D'ailleurs, tu persistes à détester tous les héros. Comme je n'en suis pas encore un, je ne crains rien pour le présent. Mais est-ce que tu me défends d'aspirer à le devenir ? Je serais capable d'y renoncer si tu me menaçais de ne plus m'aimer, et d'aller planter des choux en guise de lauriers dans les carrés de ton jardin. Mais j'ai bon espoir pourtant que tu t'habitueras à mon ambition, et que je trouverai moyen de me la faire pardonner.

J'ai traversé les États du duc de Parme et je me suis cru en 88. Des fleurs de lis, des armes, des livrées, des chapeaux sous le bras, des talons rouges. Ma foi, cela paraît bien drôle aujourd'hui. On nous regardait dans les rues comme des animaux extraordinaires. Il y avait dans leurs regards un mélange d'effroi, de scandale, de haine, tout à fait comique. Ils ont tous les préjugés, la sottise et la poltronnerie de nos royalistes de Paris. Notre commissaire des guerres, jeune homme tout à fait aimable, passa la soirée dans une des grandes maisons de l'endroit, et nous raconta que la conversation avait roulé tout le temps sur l'arbre généalogique de chaque famille des États du duc. Pour se divertir, il leur a dit qu'il y avait dans la ville un petit-fils du maréchal de Saxe, et qu'il servait la république. Il y eut un long cri d'horreur et de stupéfaction dans l'assemblée. On n'en revenait pas, et encore n'osa-t-on pas dire devant ce jeune homme tout ce qu'on pensait d'une pareille abomination. J'en ai bien ri.

J'ai été voir dans cette bonne ville de Parme l'académie de peinture et l'immense théâtre dans le goût des anciens cirques, bâti par Farnèse. On n'y a pas joué depuis deux siècles; il tombe en ruine. Mais il est encore admirable. A Bologne j'ai vu la galerie San-Pietri, une des plus belles collections de l'Italie. Il y a les plus beaux ouvrages de Raphaël, du Guide, du Guerchin et des Carrache. Je fus aussi visiter la tour penchée, qui a cent quarante pieds de haut, et surplombe sa base de neuf pieds : puis la sainte Madone, espèce de planche peinte, à ce qu'ils croient, par saint Luc. Les Bolonais ont une telle vénération pour elle, qu'il n'arrive rien d'heureux à vingt lieues à la ronde qu'on ne lui en attribue le mérite. Ils lui ont bâti une superbe église sur la première pointe de l'Apennin. On y arrive par une galerie fort belle, d'une lieue et demie d'étendue. Ce sont de grandes arcades régulières, bâties par les riches particuliers qui désirent aller en paradis. Les architectes en ont fait un objet de spéculation. Ils en ont élevé qu'ils ont revendues très-cher aux gens, qui, à l'article de la mort, pressés de gagner la miséricorde céleste, se pressent d'en passer par toutes les conditions. C'est fort édifiant !

Toutes ces beautés classiques et religieuses ne m'ont pas empêché d'apprécier à Bologne l'excellence des mortadelles. Ne pouvant t'en envoyer, j'ai choisi pour toi une agate en camée qui m'a paru très-belle, quoique ce ne soit pas un antique, et que, comme M. Jourdain, je ne sache pas très-bien ce que cela signifie. Adieu, ma bonne mère, aime-moi, gronde-moi, pourvu que tes lettres soient bien longues, car je n'en trouve jamais assez.

LETTRE III

Bologne, 9 vendémiaire an IX (octobre 1800).

Au citoyen René de Villeneuve, à Chenonceaux, par Amboise.

Rester un mois et demi sans m'entretenir avec mes bons amis, mes bons frères! n'est-ce pas la chose la plus bizarre, la plus ridicule, la plus impardonnable qu'il soit possible d'imaginer?... Cependant, si l'infortune a quelques droits sur les cœurs généreux, écoute, mon cher René, le récit de mes malheurs.

Le général Dupont est nommé lieutenant général commandant la droite de l'armée. Nous partons de Milan pour nous rendre à notre quartier général. A moitié chemin le général m'envoie reconnaître les avant-postes autrichiens sur le Pô, depuis l'embouchure de l'Oglio jusqu'à celle de la Chiesa et du Mincio. Je remplis de mon mieux cette mission. Je reviens à Bologne avec les détails les plus précis sur les positions et les forces de l'ennemi. Le général envoie mon rapport au général en chef. On forme le plan d'attaque d'après mes renseignements. Je dois conduire une colonne sur un des points que j'ai reconnus. Le coup est brillant et hardi... Vous allez entendre parler de moi!... La trêve va expirer; je brûle de tomber sur les Autrichiens. Nous partons de Bologne pour nous rendre à Guastalla, petite ville sur le Pô. Le jour de l'expiration de la trêve, nous allons reconnaître les avant-postes ennemis : le général annonce à tous les chefs que nous sommes en temps de guerre : c'est le lendemain que nous devons attaquer. Nous attendons le courrier qui doit nous en confirmer l'ordre. Il arrive, mon cœur fait *tic tac*. Puis je me dis : C'est pour demain ! Je vois déjà mon nom dans le journal et je saute de joie Cependant le paquet est décacheté, on lit !... Pas du tout ! C'est une maudite prolongation d'armistice que tous les cinq cents diables emportent[1] !

Depuis cette époque, nous sommes le bec dans l'eau, bercés tantôt de la paix, tantôt de la guerre, et fort ennuyés de tous ces retards.

. . . .

Maman m'écrit que tu vas retourner passer l'hiver

---

[1] C'était le moment des négociations de M. de Cobentzel avec Joseph Bonaparte à Lunéville. Bonaparte, voulant obtenir des conditions essentielles, menaçait de reprendre les hostilités; M. de Cobentzel tenait bon, et pourtant faisait de temps en temps quelques concessions pour gagner l'hiver, espérant que cette saison arrêterait nos troupes.

à Paris. Si nous ne nous battons pas à cette époque, j'irai peut-être t'y embrasser, et tu cours grand risque d'être étouffé dans cette entrevue. Car je t'aime d'une fière force et je ne suis pas une mazette. De sorte que si je t'embrasse de toutes mes forces et de toute ma tendresse, tu es un homme mort. Adieu, mon cher René, j'embrasse toi et Auguste, je présente mes respects à madame René et à madame Auguste, ainsi qu'à notre bonne maman de Courcelles, et pour me servir de ses expressions, dis-lui que le *hussard,* tout *extravagant* qu'il est, ne cesse de penser aux bontés qu'elle voulait bien avoir pour lui. Embrasse aussi ma *petite* nièce Emma. Elle sera sûrement aussi étonnée d'entendre parler de moi qu'elle l'était de me voir entrer chez toi si bruyamment. Ne me tiens pas rigueur. Écris-moi.

LETTRE IV

Florence, 26 vendémiaire an IX (octobre 1800).

DE MAURICE A SA MÈRE.

C'est pour le coup que nous venons de faire une belle équipée ! Nous venons de rompre la trêve comme de jolis garçons que nous sommes. En trois jours nous nous sommes emparés de la Toscane et de la belle et délicieuse ville de Florence. M. de Sommariva, ses fameuses troupes, ses terribles paysans armés, tout a fui à notre approche, et nous sommes des enfonceurs de portes ouvertes.

Avec le général Dupont, commandant l'expédition, nous avons traversé l'Apennin à la tête de l'avant-garde, et maintenant nous nous reposons délicieusement sous les oliviers, les orangers, les citronniers et les palmiers qui bordent les rives de l'Arno. Cependant les Toscans insurgés se sont retranchés dans Arezzo, et tiennent en échec le général Mounier, l'un de nos généraux de division. Mais nous venons d'y envoyer du canon, et bientôt tout sera terminé.

Il n'y a rien de comique comme notre entrée à Florence. M. de Sommariva avait envoyé à notre rencontre plusieurs parlementaires, chargés de nous assurer de sa part qu'il allait désarmer les paysans qu'il avait soulevés, et qu'il nous priait de nous arrêter; mais que si nous persistions à entrer dans Florence, il se ferait tuer sur les remparts. C'était bien parler; mais, en dépit de ses promesses et de ses menaces, nous continuâmes notre marche. Arrivés à quelques milles de Florence, le général Dupont envoie le général Jablonowski avec un escadron de chasseurs pour reconnaître si l'ennemi défend en effet la place. Moi, qui me trouvais là assez désœuvré, je suis le général Jablonowski. Nous arrivons militairement par quatre, le sabre en main, au grand trot. Point de résistance, nous entrons dans la ville, personne pour nous arrêter. Au coin d'une rue nous nous trouvons nez à nez avec un détachement de cuirassiers autrichiens. Nos chasseurs veulent les sabrer. L'officier autrichien s'avance vers nous chapeau bas, et nous dit que, lui et son piquet formant la garde de police, il est obligé de se retirer des derniers. Une si bonne raison nous désarme, et nous le prions poliment d'aller rejoindre bien vite le reste de l'armée autrichienne et toscane, qui se repliait sur Arezzo. Nous arrivons sur la grande place, où les députés du gouvernement viennent nous rendre leurs devoirs. J'établis le quartier général dans le plus beau quartier et le plus beau palais de la ville. Je retourne vers le général Dupont. Nous faisons une entrée triomphale, et voilà une ville prise.

Le soir même on illumine le grand Opéra, on nous garde les plus belles loges, on nous envoie de bonnes berlines pour nous y traîner, et nous voilà installés en maîtres. Le lendemain, il nous restait à prendre deux forts garnis chacun de dix-huit pièces de canon et d'un obusier. Nous envoyons dire aux deux commandants que nous allons leur fournir toutes les voitures nécessaires à l'évacuation de leurs garnisons. Frappés d'une si *terrible* sommation, ils se rendent sur-le-champ, et nous voilà maîtres des deux forts. Cette capitulation nous a fait tant rire, que nous étions tentés de nous imaginer que les Autrichiens s'entendaient avec nous. Il paraît cependant qu'il n'en est rien.

Ils ont emporté et embarqué à Livourne la fameuse Vénus, et les deux plus belles filles de Niobé. J'ai été ce matin à la galerie. Elle est remplie d'une immense quantité de statues antiques, presque toutes superbes. J'ai vu le fameux torse, la Vénus à la coquille, le Faune, le Mercure, et force empereurs et impératrices de Rome. Cette ville fourmille de beaux édifices et regorge de chefs-d'œuvre. Les ponts, les quais et les promenades sont un peu distribués comme à Paris; mais elle a cet avantage d'être située dans un vallon admirable d'aspect et de fertilité. Ce ne sont que *villas* charmantes, allées de citronniers, forêts d'oliviers : juge comme tout cela nous paraît joli au sortir des Apennins!

Ça ira bien pourvu que ça dure, mais je crois que nous marcherons du côté de Ferrare si les hostilités recommencent avec les Autrichiens. Alors nous abandonnerons ces belles contrées pour retourner aux rives arides du Pô.

Tu vois, ma bonne mère, que je cours de la belle manière. Je ne veux point quitter le général Dupont, il me veut du bien. Je jouis ici de l'amitié et de la considération de ceux avec qui je vis. Le général a trois aides de camp. Le troisième est Merlin, fils du directeur. Il était aide de camp de Bonaparte, et a fait avec lui les campagnes d'Égypte. Il est capitaine dans mon régiment; sa sœur avait épousé notre colonel peu de temps avant qu'il fût tué. Bonaparte, ne gardant plus que des aides de camp chefs de brigade, nous l'a envoyé au retour de la campagne de l'armée de réserve. C'est un fort bon enfant. Moi, je suis l'officier de correspondance attaché immédiatement au général, logeant et vivant avec lui. Je suis devenu décidément l'homme de confiance pour les missions délicates et rapides. Nous avons un état-major composé de plusieurs officiers, mais qui ne vivent point avec nous. Notre société se compose de Merlin, Morin, Decouchy, Barthélemy, frère du directeur, Georges la Fayette et moi. C'est avec Georges la Fayette que je suis le plus lié. C'est un jeune homme charmant, plein d'esprit, de franchise et de cœur. Il est sous-lieutenant au 11e régiment de hussards, et commande trente hussards de notre escorte. Nous formons ce qu'on appelle la bande joyeuse. Madame de la Fayette et sa fille sont maintenant à Chenonceaux. Notre liaison s'accroît tout naturellement de cette liaison de nos parents. Tu devrais bien y aller faire un tour. Ce voyage te distrairait, et tu en as grand besoin, ma pauvre mère. Le séjour de Nohant, depuis que je n'y suis plus, te paraît sombre. Cette idée m'afflige. Je serais le plus heureux du monde si tu ne t'ennuyais point. Nous faisons, la Fayette et moi, les plus jolis projets de réunion pour quand la paix sera venue. Nous nous voyons à Chenonceaux avec nos bonnes mères, n'ayant d'autre soin que celui de les divertir et de les dédommager des inquiétudes que nous leur avons données. Tu vois que nous conservons des idées et des sentiments *humains,* malgré la guerre et le carnage. Je parle bien souvent de toi avec Georges, qui me parle aussi de sa mère. Quelque bonne qu'elle puisse être, tu dois être encore meilleure et au-dessus de toute comparaison. Quant à père Deschartres, en toutes choses il est incomparable ; et puisque le voilà *maire de Nohant,* je le salue jusqu'à terre et l'embrasse de tout mon cœur.

Maurice.

CHAPITRE DEUXIÈME

Rome. — Entrevue avec le pape. — Tentative simulée d'assassinat. — Monsignor Consalvi. — Asola. — Première passion. — La veille de la bataille. — Passage du Mincio. — Maurice prisonnier. — Délivrance. — Lettre d'amour. — Rivalités et ressentiments entre Brune et Dupont. — Départ pour Nohant.

LETTRE V

Rome, le 2 frimaire an IX (novembre 1800).

Deux jours après ma dernière lettre (que je t'écrivis à notre second retour à Florence), le général Dupont m'envoya à Rome porter des dépêches au pape et au commandant en chef des troupes napolitaines. Je partis avec un de nos camarades nommé Charles His, Parisien, homme d'esprit et ami du général Dupont. Nous arrivâmes à Rome après trente-six heures de marche. Malgré toutes les peurs qu'on avait voulu nous faire de la fureur du peuple contre le nom français, nous ne trouvâmes qu'un extrême étonnement de voir deux Français arriver seuls et en uniforme au milieu d'une nation hostile. Notre entrée dans la ville éternelle fut très-comique. Tout le peuple nous suivait en foule, et si nous eussions voulu, durant notre séjour, nous montrer pour de l'argent, nous eussions fait fortune. La curiosité était telle, que tout le monde courait après nous dans les rues. Nous nous sommes convaincus que les Romains sont les meilleures gens du monde, et que les exactions commises par certains dilapidateurs nous avaient seules attiré leur inimitié. Nous n'avons qu'à nous louer de leurs procédés envers nous.

Le saint père nous a reçus avec les marques les moins équivoques d'amitié et de considération, et nous repartons ce matin pour l'armée extrêmement satisfaits de notre voyage. Nous avons vu tout ce qu'il est possible d'admirer, tant en antiques qu'en modernes. Comme j'ai un grand goût pour les escalades, je me suis amusé à grimper en dehors de la boule de la coupole de Saint-Pierre. Quand j'ai été redescendu, on m'a dit que presque tous les Anglais qui venaient à Rome en faisaient autant, ce qui n'a pas laissé de me convaincre de la sagesse de mon entreprise.

Adieu, ma bonne mère, on m'appelle pour monter en voiture. Adieu, Rome ! Je t'embrasse de toute mon âme.

LETTRE VI

Bologne, le 5 frimaire an IX (novembre 1800).

Tu as dû voir, ma bonne mère, au style *prudent* de ma dernière lettre, que je t'écrivais avec la certitude d'être lu une demi-heure après par le secrétaire d'État, monsignor Consalvi, qui, avec un petit air de confiance et d'amitié, ne laissait pas de nous espionner de tout son pouvoir. Nous n'étions pourtant allés à Rome que pour porter deux lettres : l'une au pape, pour lui demander la mise en liberté des personnes détenues pour opinions politiques, et l'autre au commandant en chef des forces napolitaines, pour qu'il notifiât à son gouvernement que nous redemandions le général Dumas[1] et M. Dolomieu, et que, dans le cas d'un refus, les baïonnettes françaises étaient toutes prêtes à faire leur office. Quoique nous ne fussions absolument que des porteurs de dépêches, on nous crut envoyés pour exciter une insurrection et armer les jacobins. Dans cette belle persuasion, on nous campa sur le dos deux officiers napolitains qui, sous prétexte de nous faire respecter, ne nous quittaient non plus que nos

---

[1] Le père d'Alexandre Dumas.

ombres. On nous entoura de piéges et d'espions, on fit renforcer la garnison; le bruit courut parmi le peuple que les Français allaient arriver. C'était une rumeur du diable. Le roi de Sardaigne, qui était à Naples, se sauva sur-le-champ en Sicile. Le secrétaire d'État tremblait de nous voir dans Rome. Il nous répétait sans cesse, pour nous faire peur, qu'il craignait que nous ne fussions assassinés, et qu'il serait prudent à nous de quitter nos uniformes. Nous lui répondions qu'aucune espèce de crainte ne pouvait nous décider à changer de costume, et que, quant aux assassins, nous étions plus méchants qu'eux, que le premier qui nous approcherait était un homme mort. Pour nous effrayer davantage, on fit arrêter avec ostentation le soir, à notre porte, des gens armés de grands poignards fort bêtes. Nous vîmes bien que tout cela était une comédie, et nous n'en restâmes pas moins à attendre paisiblement la réponse du roi de Naples, que M. de Damas, général en chef, nous disait devoir arriver incessamment. Nous restâmes douze jours à les attendre, et pendant ce temps nous vînmes à bout par notre conduite et nos manières de nous attirer la bienveillance générale. Nous reçûmes et rendîmes la visite de tous les ambassadeurs. Nous fîmes une visite d'après-midi au pape. C'est là que mon grand uniforme et celui de mon camarade, qui est aussi dans les hussards, firent tout leur effet. Le pape, dès que nous entrâmes, se leva de son siége, nous serra les mains, nous fît asseoir à sa droite et à sa gauche. Puis nous eûmes avec lui une conversation très-grave et très-intéressante sur la pluie et le beau temps. Au bout d'un quart d'heure, après qu'il se fut bien informé de nos âges respectables, de nos noms et de nos grades, nous lui présentâmes nos respects : il nous serra la main de nouveau, en nous demandant *notre amitié*, que nous eûmes la bonté de lui accorder, et nous nous séparâmes fort contents les uns des autres. Il était temps, car je commençais à pouffer de rire de nous voir, mon camarade et moi, deux vauriens de hussards, assis majestueusement à la droite et à la gauche du pape. C'eût été un vrai Calvaire s'il y eût eu un bon larron.

Le lendemain nous fûmes présentés chez la duchesse Lanti. Il y avait un monde énorme. J'y rencontrai le vieux chevalier de Bernis et le jeune Talleyrand, aide de camp du général Damas. Je renouvelai connaissance avec M. de Bernis, et je me mis à causer avec lui de Paris et du monde entier. Ma liaison avec ces deux personnages fit un grand effet dans l'esprit des Romains et des Romaines, et c'est à cela seulement qu'ils voulurent bien reconnaître que nous n'étions pas des brigands venus pour mettre le feu aux quatre coins de la ville éternelle.

La manière dont nous nous gobergions leur donna aussi une grande idée de notre mérite. Le général Dupont nous avait donné beaucoup d'argent pour représenter dignement la nation française, et nous nous en acquittâmes le mieux du monde. Nous avions voitures, loges, chevaux, concerts chez nous et dîners fins. On ne nous traitait plus que d'*excellences*. C'était fort divertissant, et nous avons si bien fait que nous revenons sans un sou. Cette fois nous avons servi la patrie fort commodément, mais nous laissons aux Romains une grande admiration pour notre magnificence, et aux pauvres une grande reconnaissance pour notre libéralité. Ce dernier point est aussi un plaisir de prince, et c'est le plus doux, à coup sûr.

Le secrétaire d'État nous décocha la gracieuseté de nous envoyer le plus savant antiquaire de Rome pour nous montrer toutes les merveilles. J'en ai tant vu que j'en suis hébété. Tous les originaux de nos beaux ouvrages, et puis toutes les vieilles masures devant lesquelles il est de bon ton de se pâmer d'aise. J'avoue qu'elles m'ont fort ennuyé, et qu'en dépit de l'enthousiasme des vieux Romains, je préfère Saint-Pierre de Rome à tous ces amas de vieilles briques. J'ai pourtant vu avec intérêt la grotte de la nymphe Égérie et les débris du pont sur lequel se battit Horatius Coclès, brave officier de hussards dans son temps.

Enfin la nouvelle de la reprise des hostilités vint mettre un terme à nos grandeurs. Nous écrivîmes à M. de Damas que le désir de rejoindre nos drapeaux ne nous permettait pas d'attendre plus longtemps la réponse du roi de Naples, et nous partîmes accompagnés de nos deux surveillants, les deux officiers napolitains, qui ne nous quittèrent qu'à nos avant-postes. M. de Damas, en nous faisant les adieux les plus aimables, nous avait remerciés de la manière dont nous nous étions comportés.

Nous venons d'arriver à Bologne après trois jours et trois nuits de marche, et pendant qu'on attelle nos chevaux, je m'entretiens avec toi. Le général Dupont est de l'autre côté du Pô. Demain je serai près de lui. Maintenant j'espère que nous irons à Venise. Cela dépendra de nos succès. Quant à moi, j'ai la certitude que nous battrons partout l'ennemi. Notre nom porte avec lui l'épouvante depuis la bataille de Marengo.

On parle cependant vaguement d'un nouvel armistice, et les armées n'ont encore fait aucun mouvement directement hostile.

Ma bonne mère, que je regrette donc que nous n'ayons pas vu Rome ensemble! Tu sais que dans mon enfance c'était notre rêve! A tout ce que je voyais de beau, je pensais à toi, et mon plaisir était diminué par la pensée que tu ne le partageais pas. Adieu, je t'aime et t'embrasse de toute mon âme.

On m'appelle pour monter en voiture. Je voudrais toujours causer avec toi, et je vais ne penser qu'à toi de Bologne à Casal-Maggiore.

J'embrasse l'ami Deschartres. Dis-lui que j'ai vu les ruines des maisons d'Horace et de Virgile, et le buste de Cicéron, et que j'ai dit à ces mânes illustres : « Messieurs, je vous ai expliqués avec mon ami Deschartres, et vos œuvres sublimes m'ont valu plus d'un *Travaillez donc, vous rêvez!* »

Un immense jardin botanique m'a rappelé aussi mon cher précepteur, et si, comme un sot que je suis, je n'y ai rien trouvé d'intéressant en pétales, tiges et étamines, du moins j'y ai trouvé le souvenis de mon ancien et véritable ami. Plante-t-il toujours beaucoup de choux? Je décoiffe ma bonne et je l'embrasse de tout mon cœur.

LETTRE VII

Asola, 29 frimaire an IX (décembre 1800).

Qu'il y a longtemps, ma bonne mère, que je n'ai eu le plaisir de m'entretenir avec toi ! Tu vas me dire : A qui la faute ? En vérité, ce n'est pas trop la mienne. Depuis que nous sommes à Asola, nous ne faisons que courir pour reconnaître les postes ennemis. A peine rentrés, nous trouvons une société bruyante et joyeuse dont les rires et les ébats se prolongent bien avant dans la nuit. On se couche excédé de fatigue, et le lendemain on recommence. Tu vas me gronder et me dire que je ferais sagement de me coucher de bonne heure. Mais si tu étais de la trempe d'un soldat, tu saurais que la fatigue engendre l'excitation et que notre métier n'amène le sang-froid que quand le danger est présent. En toute autre circonstance, nous sommes fous, et nous avons besoin de l'être.

Et puis j'avais à te dire une bonne nouvelle dont je viens seulement d'avoir la certitude. Morin me l'avait annoncée comme très-prochaine, et le général vient de me la confirmer, en me faisant cadeau d'un brevet d'aide de camp, d'un plumet jaune et d'une belle écharpe rouge à franges d'or.

Ainsi me voilà aide de camp du lieutenant général Dupont, et c'est ainsi qu'il faut me qualifier sur l'adresse de tes lettres, pour qu'elles me parviennent plus vite. Le nouveau règlement lui accorde trois aides de camp. Me voilà enfin dans un poste charmant, considéré, estimé, aimé... Oui ! aimé d'une bien aimable et bien charmante femme, et il ne me manque pour être parfaitement heureux ici que ta présence... Il est vrai que c'est beaucoup !

Tu sauras donc que, comme la lieutenance Dupont et la division Watrin sont réunies ici, nous

CHAPITRE DEUXIÈME.

formons tous les soirs des réunions dans lesquelles madame Watrin, éclatante de jeunesse et de beauté, brille comme une étoile. Pourtant ce n'est pas elle ! Une étoile d'un feu plus doux luit pour moi.

Tu sais qu'à Milan j'ai été amoureux. Tu l'as deviné, *parce que* je ne te l'ai pas dit. Je croyais parfois être aimé, et puis je voyais ou je croyais voir que je ne l'étais pas. Je cherchais à m'étourdir, je partis, n'y voulant plus songer.

Cette femme charmante est ici, et nous nous parlions peu. Nous nous regardions à peine. J'avais comme du dépit, quoique ce ne soit guère dans ma nature. Elle me montrait de la fierté, quoiqu'elle ait le cœur tendre et passionné. Ce matin, pendant le déjeuner, on entendit tirer au loin le canon. Le général me dit de monter aussitôt à cheval et d'aller voir ce qui se passait. Je me lève, et en deux sauts je dégringole l'escalier et cours à l'écurie. Au moment de monter à cheval je me retourne et vois derrière moi cette chère femme, rouge, embarrassée, et jetant sur moi un long regard exprimant la crainte, l'intérêt, l'amour... J'allais répondre à tout cela en lui sautant au cou, mais au milieu de la cour c'était impossible. Je me bornai à lui serrer tendrement la main en sautant sur mon noble coursier, qui, plein d'ardeur et d'audace, fit trois caracoles magnifiques en s'élançant sur la route. Je fus bientôt au poste d'où partait le bruit. J'y trouve les Autrichiens repoussés dans une escarmouche qu'ils étaient venus engager avec nous. J'en revins porter la nouvelle au général. *Elle* était encore là. Ah ! comme je fus reçu ! et comme le dîner fut riant, aimable ! comme elle eut pour moi de délicates attentions !

Ce soir, par un hasard inespéré, je me suis trouvé seul avec elle. Tout le monde, fatigué des courses excessives de la journée, s'était couché. Je n'ai pas tardé à dire combien j'aimais, et elle, fondant en larmes, s'est jetée dans mes bras. Puis elle s'est échappée malgré moi et a couru s'enfermer dans sa chambre. J'ai voulu la suivre. Elle m'a prié, conjuré, ordonné de la laisser seule. Et moi, en amant soumis, j'ai obéi. Comme nous montons à cheval à la pointe du jour pour faire une reconnaissance, je suis resté à m'entretenir avec ma bonne mère des émotions de la journée. Comme ta bonne grande lettre de huit pages est aimable ! Quel plaisir elle m'a fait ! Qu'il est doux d'être aimé, d'avoir une bonne mère, de bons amis, une belle maîtresse, un peu de gloire, de beaux chevaux et des ennemis à combattre ! j'ai de tout cela, et de tout cela, ce qui est le meilleur, c'est ma bonne mère !

René m'a écrit de la manière la plus affectueuse pour m'engager à venir demeurer chez lui quand je retournerai à Paris. Il est enchanté de tes lettres, et qui ne le serait? Mon Dieu, comme tu es bonne !

Adieu, ma bonne mère, quatre heures viennent

de sonner, c'est l'heure à laquelle le général m'a dit de l'éveiller. Je te quitte pour entrer dans sa chambre. Adieu, je t'embrasse mille fois.

J'embrasse le magistrat Deschartres de manière à suffoquer sa *mairerie*, ainsi que ma bonne.

MAURICE.

Il y a dans certaines existences un moment où nos facultés de bonheur, de confiance et d'ivresse atteignent leur apogée. Puis, comme si notre âme n'y pouvait plus suffire, le doute et la tristesse étendent sur nous un nuage qui nous enveloppe à jamais; ou bien est-ce la destinée qui s'obscurcit en effet, et sommes-nous condamnés à descendre lentement la pente que nous avons gravie avec l'audace de la joie?

Pour la première fois le jeune homme venait de ressentir les atteintes d'une passion durable. Cette femme dont il vient de parler avec un mélange d'enthousiasme et de légèreté, cette gracieuse amourette qu'il croyait peut-être pouvoir oublier comme il avait oublié la chanoinesse et plusieurs autres, allait s'emparer de toute sa vie et l'entraîner dans une lutte contre lui-même, qui fit le tourment, le bonheur, le désespoir et la grandeur de ses huit dernières années. Dès cet instant, ce cœur naïf et bon, ouvert jusque-là à toutes les impressions extérieures, à une immense bienveillance, à une foi aveugle dans l'avenir, à une ambition qui n'a rien de personnel et qui s'identifie avec la gloire de la patrie ; ce cœur, qu'une seule affection presque passionnée, l'amour filial, avait rempli et conservé dans sa précieuse unité, fut partagé, c'est-à-dire déchiré par deux amours presque inconciliables. La mère heureuse et fière, qui ne vivait que de cet amour, fut tourmentée et brisée par une jalousie naturelle au cœur de la femme, et qui fut d'autant plus inquiète et poignante, que l'amour maternel avait été l'unique passion de sa vie. A cette angoisse intérieure qu'elle ne s'avoua jamais, mais qui fut trop certaine, et que toute autre femme eût fait naître en elle, se joignit l'amertume des préjugés froissés, préjugés respectables et sur lesquels je veux m'expliquer avant d'aller plus loin.

Mais d'abord il faut dire que cette femme charmante que le jeune homme avait rêvée à Milan et conquise à Asola, cette Française qui avait été en prison au couvent des Anglaises dans le même temps que ma grand'mère, n'était autre que ma mère, Sophie-Victoire-Antoinette Delaborde ; je lui donne ces trois noms de baptême, parce que, dans le cours agité de sa vie, elle les porta successivement ; et ces trois noms sont eux-mêmes comme un symbole de l'esprit du temps. Dans son enfance on préféra probablement pour elle le nom d'Antoinette, celui de la reine de France. Durant les conquêtes de l'empire, le nom de Victoire prévalut naturellement. Depuis son mariage avec elle, mon père l'appela toujours Sophie. Tout est significatif et emblématique (et le plus naturellement du monde) dans les détails en apparence les plus fortuits de la vie humaine.

Sans doute ma grand'mère eût préféré pour mon père une compagne de son rang; mais elle l'a dit et écrit elle même, elle ne se fut pas sérieusement affligée pour ce qu'on appelait dans son temps et dans son monde une mésalliance. Elle ne faisait pas de la naissance plus de cas qu'il ne faut, et, quant à la fortune, elle savait s'en passer, et trouver dans son économie et dans ses privations personnelles de quoi remédier aux dépenses qu'entraînèrent les postes plus brillants que lucratifs qu'occupa son fils. Mais elle ne put qu'à grand'peine accepter une belle-fille dont la jeunesse avait été livrée par la force des choses à des hasards effrayants. C'était là le point délicat à trancher; et l'amour, qui est la suprême sagesse et la suprême grandeur d'âme quand il est sincère et profond, le trancha résolûment dans l'âme de mon père. Un jour vint aussi où ma grand'-mère se rendit; mais nous n'y sommes point encore, et j'ai à raconter bien des douleurs avant d'en venir à cette époque de mon récit.

Je ne connais que très-imparfaitement l'histoire de ma mère avant son mariage. Je dirai plus tard comment certaines personnes crurent agir prudemment et dans mon intérêt en me racontant des choses que j'aurais mieux fait d'ignorer, et dont rien ne m'a prouvé l'authenticité. Mais, fussent-elles toutes vraies, un fait subsiste devant Dieu, c'est qu'elle fut aimée de mon père, et qu'elle le mérita apparemment, puisque son deuil, à elle, ne finit qu'avec sa vie.

Mais le principe d'aristocratie a tellement pénétré au fond du cœur humain, que, malgré nos révolutions, il existe encore sous toutes les formes. Il faudra encore bien du temps pour que le principe chrétien de l'égalité morale et sociale domine les lois et l'esprit des sociétés. Le dogme de la rédemption est pourtant le symbole du principe de l'expiation et de la réhabilitation. Nos sociétés reconnaissent ce principe en théorie religieuse, et non en fait; il est trop grand, trop beau pour elles. Et pourtant ce quelque chose de divin qui est au fond de nos âmes nous porte, dans la pratique de la vie individuelle, à violer l'aride précepte de l'aristocratie morale; et notre cœur, plus fraternel, plus égalitaire, plus miséricordieux, partant plus juste et plus chrétien que notre esprit, nous fait aimer souvent des êtres que la société répute indignes et dégradés.

C'est que nous sentons que cette condamnation

est absurde, c'est qu'elle fait horreur à Dieu ; d'autant plus que, pour ce qu'on appelle le monde, elle est hypocrite et ne porte en rien sur la question fondamentale du bien et du mal. Le grand révolutionnaire Jésus nous a dit un jour une parole sublime : c'est qu'il y avait plus de joie au ciel pour la recouvrance d'un pécheur que pour la persévérance de cent justes, et le retour de l'enfant prodigue n'est pas un frivole apologue, je pense. Pourtant il y a encore une prétendue aristocratie de vertu, qui, fière de ses priviléges, n'admet pas que les égarements de la jeunesse puissent être rachetés. Une femme née dans l'opulence, élevée avec soin au couvent, sous l'œil de respectables matrones, surveillée comme une plante sous cloche, établie dans le monde avec toutes les conditions de la prudence, du bien-être, du calme, du respect de soi et de la crainte du contrôle des autres, n'a pas grand'peine et peut-être pas grand mérite à mener une vie sage et réglée, à donner de bons exemples, à professer des principes austères. Et encore, je me trompe ; car si la nature lui a donné une âme ardente, au milieu d'une société qui n'admet pas la manifestation de ses facultés et de ses passions, elle aura encore beaucoup de peine et de mérite à ne pas froisser cette société. Eh bien, à plus forte raison, l'enfant pauvre et abandonnée, qui vient au monde avec sa beauté pour tout patrimoine, est-elle, pour ainsi dire, inocente de tous les entraînements que subira sa jeunesse, de tous les piéges où tombera son inexpérience. Il semble que la prudente matrone serait placée en ce monde pour lui ouvrir ses bras, la consoler, la purifier et la réconcilier avec elle-même. A quoi sert d'être meilleur et plus pur que les autres, si ce n'est pour rendre la bonté féconde et la vertu contagieuse ? Il n'en est point ainsi pourtant ! Le monde est là qui défend à la femme estimée de tendre la main à celle qui ne l'est point, et de la faire asseoir à ses côtés : le monde, ce faux arbitre, ce code menteur et impie d'une prétendue décence et d'une prétendue moralité ! Sous peine de perdre sa bonne renommée, il faut que la femme pure détourne ses regards de la pécheresse, et si elle lui tend les bras, le monde, l'aréopage des fausses vertus et des faux devoirs, lui fermera les siens.

Je dis les fausses vertus et les faux devoirs, parce que ce ne sont pas les femmes vraiment pures, ce ne sont pas les matrones vraiment respectées qui ont exclusivement à statuer sur les mérites de leurs sœurs égarées. Ce n'est pas une réunion de gens de bien qui fait l'opinion. Tout cela est un rêve. L'immense majorité des femmes du monde est une majorité de femmes perdues. Tous le savent, tous l'avouent, et pourtant personne ne blâme et ne soufflette ces femmes impudentes quand elles blâment et soufflettent des femmes moins coupables qu'elles.

CHAPITRE DEUXIÈME.

Lorsque ma grand'mère vit son fils épouser ma mère, elle fut désespérée, elle eût voulu dissoudre de ses larmes le contrat qui cimentait cette union; mais ce ne fut pas sa raison qui la condamna froidement, ce fut son cœur maternel qui s'effraya des suites. Elle craignit pour son fils les orages et les luttes d'une association si audacieuse, comme elle avait craint pour lui les fatigues et les dangers de la guerre. Elle craignit aussi le blâme qui allait s'attacher à lui de la part d'un certain monde. Elle souffrit dans cet orgueil de moralité qu'une vie exempte de blâme légitimait en elle; mais il ne lui fallut pas beaucoup de temps pour voir qu'une nature privilégiée secoue aisément ses ailes et peut élever son vol dès qu'on lui ouvre l'espace. Elle fut bonne et affectueuse pour la femme de son fils.

Pourtant la jalousie maternelle resta et le calme ne se fit guère. Si cette tendre jalousie fut un crime, à Dieu seul appartient de le condamner, car il échappe à la sévérité des hommes, à celle des femmes surtout.

Depuis Asola, c'est-à-dire depuis la fin de l'année 1800, jusqu'à l'époque de ma naissance en 1804, mon père aussi devait souffrir mortellement du partage de son âme entre une mère chérie et une femme ardemment aimée. C'est en 1804 seulement qu'il trouva plus de calme et de force dans la conscience d'un devoir accompli, lorsqu'il eut épousé cette femme, que bien des fois il avait essayé de sacrifier à sa mère.

En attendant que je le suive, en le plaignant et en l'admirant, dans ces combats intérieurs, je vais le reprendre à Asola, d'où il écrivait à sa mère la dernière lettre que j'ai rapportée, à la date du 29 frimaire. Cette date marque un des grands événements militaires de l'époque, le passage du Mincio.

M. de Cobentzel était encore à Lunéville, négociant avec Joseph Bonaparte. Ce fut alors que le premier consul, voulant briser par un coup hardi et décisif les irrésolutions de la cour de Vienne, fit passer l'Inn à l'armée du Rhin, commandée par Moreau, et le Mincio à l'armée d'Italie, commandée par Brune; à peu de jours de distance, ces deux lignes furent emportées. Moreau gagna la bataille de Hohenlinden, et l'armée d'Italie, qui ne manquait pas non plus de bons officiers et de bons soldats, fit reculer les Autrichiens et termina ainsi la guerre, en forçant l'ennemi à évacuer la péninsule. Mais si la conduite de l'armée fut héroïque là comme partout, si l'ardeur et l'inspiration individuelles de plusieurs officiers réparèrent les fautes du général en chef, il n'en est pas moins certain que cette opération fut dirigée par Brune d'une manière déplorable. Je ne fais point ici de l'histoire officielle, je renverrai mon lecteur au récit de M. Thiers, historien éminent des événements militaires, et, sous ce rapport, toujours clair, précis, attachant et fidèle. Il servira de caution aux accusations portées par mon père contre le général qui, en cette circonstance, fit plus que des fautes ; il commit un crime. Il laissa une partie de son armée abandonnée, sans secours, dans une lutte inégale contre l'ennemi, et son inertie fut l'entêtement cruel de l'amour-propre. Mécontent de l'ardeur qui avait emporté le général Dupont à franchir le fleuve avec dix mille hommes, il empêcha Suchet de lui donner un secours suffisant ; et si ce dernier, voyant le corps de Dupont aux prises avec trente mille Autrichiens et en grand danger d'être écrasé malgré une défense héroïque, n'eût enfreint les ordres de Brune et envoyé de son chef le reste de la division Gazan au secours de ces braves gens, notre aile droite était perdue. Cette barbarie ou cette ineptie du général en chef coûta la vie à plusieurs milliers d'intrépides soldats et la liberté à mon père. Entraîné par sa bravoure et trop confiant dans son *étoile* (c'était le prestige du moment, et sans songer à imiter Bonaparte, chacun se croyait protégé comme lui par la destinée), il fut pris par les Autrichiens, accident plus redouté à la guerre que les blessures graves, et presque plus attristant que la mort pour des jeunes gens ivres de gloire et d'activité.

C'était un douloureux réveil après une matinée d'émotions violentes qu'une nuit d'impatience et de transport avait précédée. C'est durant cette veillée que, livré aux plus ardentes émotions, il avait écrit à sa mère : « Qu'il est doux d'être aimé, d'avoir » une bonne mère, de braves amis, une belle maî- » tresse, un peu de gloire, de beaux chevaux et » des ennemis à combattre! » Il ne lui avait pourtant pas dit que c'était le jour même, à l'instant même, qu'il allait combattre ces ennemis dont la présence faisait partie de son bonheur. Il cachetait sa lettre, il venait d'y tracer un tendre adieu qui pouvait bien être le dernier, et il lui laissait croire qu'il allait seulement monter à cheval pour faire une reconnaissance. Tout entier à l'amour et à la guerre, bien que brisé par la fatigue de la journée et de toutes les journées précédentes, il n'avait pas seulement songé à dormir une heure. La vie était si pleine et si intense dans ce moment-là pour lui et pour tous! Dans cette même nuit, il avait écrit à son cher neveu René de Villeneuve, et il avait été plus explicite. Cette lettre montre une liberté d'esprit qui charme et qui surprendrait si elle était un fait particulier dans l'histoire de cette époque. Il lui parle assez longuement d'un camée qu'il avait acheté pour lui à Rome, et qu'un ouvrier maladroit a brisé en voulant le monter; mais il lui annonce l'envoi d'autres objets d'art du même genre que le cardinal Consalvi s'est chargé d'expédier. « Car il faut que » tu saches, lui dit-il, que je suis très-bien avec Son

CHAPITRE DEUXIÈME.

» Éminence et encore mieux avec le pape. » Puis
il lui expose sa situation et celle de l'armée. « Il est
» deux heures du matin. Dans deux heures nous
» montons à cheval. Nous avons passé toute la jour-
» née à disposer les troupes. Nous avons fait avan-
» cer toute notre artillerie sur la ligne, et à la pointe
» du jour nous allons nous taper. Tu entendras pro-
» bablement parler de la journée du 29, car l'atta-
» que est générale dans toute l'armée. . . . .

» On selle déjà les chevaux du général, je les
» entends dans la cour, et quand j'aurai écrit un
» dernier mot à ma mère, je vais faire seller les
» miens. Je te quitte donc, mon bon ami, pour
» aller me disputer avec MM. les Croates, Vala-
» ques, Dalmates, Hongrois et autres, qui nous at-
» tendent. Cela va faire un beau sabbat. Nous avons
» huit pièces de douze en batterie. Que je suis fâché
» que tu ne sois pas là pour entendre le vacarme
» que nous allons faire! Cela t'amuserait, j'en suis
» sûr. Présente, je te prie, mon respect à madame
» René et à madame de Courcelles.

» Que je suis sensible, mon aimable ami, à tes
» offres et projets de réunion ! Je les accepte avec
» bien de l'empressement, puisque de cette manière
» je te verrai toute la journée quand je serai à Paris.
» Cet heureux temps viendra, où nous n'aurons
» d'autre souci que celui de rire et de vivre ensem-
» ble! Je t'aime et t'embrasse bien tendrement. »

Le lendemain, il était dans les mains de l'ennemi, il quittait le théâtre de la guerre, et laissant derrière lui l'armée victorieuse, ses amis prêts à rentrer en France pour aller embrasser leurs mères et leurs amis, il partait à pied pour un long et pénible exil.
— Cet événement le séparait aussi de la femme aimée, et il plongea ma pauvre grand'mère dans un désespoir affreux. Il eut des suites sur toute la vie de ce jeune homme, qui depuis 94 avait oublié ce que c'est que la souffrance, l'isolement, la contrainte et la réflexion. Peut-être une révolution décisive s'opéra-t-elle en lui. A partir de cette époque, il fut, sinon moins gai extérieurement, du moins plus défiant et plus sérieux au fond de son âme. Il eût oublié Victoire dans le tumulte et l'enivrement de la guerre. Il retrouva son image fatalement liée à toutes ses pensées, dans les durs loisirs intellectuels de l'exil et de la captivité. Rien ne prédispose à une grande passion comme une grande souffrance.

LETTRE VIII

Padoue, 15 nivôse an IX (janvier).

Ne sois point inquiète, ma bonne mère, j'avais prié Morin de t'écrire. Ainsi tu sais sûrement déjà que je suis prisonnier. Je suis maintenant à Padoue et en route pour Gratz. J'espère être bientôt échangé, le général Dupont m'ayant fait redemander à M. de Bellegarde le matin même où j'ai été pris. Je ne puis t'en dire davantage maintenant ; mais j'espère que bientôt je t'annoncerai mon retour. Adieu, je t'embrasse de toute mon âme. J'embrasse aussi père Deschartres et ma bonne.

Ce peu de mots était destiné à rassurer la pauvre mère. La captivité fut plus longue et plus dure que cette lettre ne l'annonçait. Pendant les deux mois qui s'écoulèrent sans qu'elle reçût aucune nouvelle de lui, ma grand'mère fut en proie à une de ces douleurs mornes que les hommes ne connaissent point et auxquelles ils ne pourraient survivre. L'organisation de la femme sous ce rapport est un prodige. On ne comprend pas une telle intensité de souffrance avec tant de force pour y résister. La pauvre mère n'eut pas un instant de sommeil et ne vécut que d'eau froide. La vue des aliments qu'on lui présentait lui arrachait des sanglots et presque des cris de désespoir. « Mon fils meurt de faim ! disait-elle, il expire peut-être en ce moment, et vous voulez que je puisse manger ! » Elle ne voulait plus se coucher. « Mon fils couche par terre, disait-elle; on ne lui donne peut-être pas une poignée de paille pour se coucher. Il a peut-être été pris blessé[1]. Il n'a pas un morceau de linge pour couvrir ses plaies. » La vue de sa chambre, de son fauteuil, de son feu, de tout le bien-être de sa vie, tout réveillait en elle les plus amères comparaisons. Son imagination lui exagérait les privations et les souffrances que son cher enfant pouvait endurer. Elle le voyait lié dans un cachot, elle le voyait frappé par des mains sacriléges, tombant de lassitude et d'épuisement au bord des chemins, et forcé de se relever et de se traîner sous le bâton du caporal autrichien. Le pauvre Deschartres s'efforçait vainement de la distraire. Outre qu'il n'y entendait rien et que personne n'était plus alarmiste par tempérament, il était si triste lui-même que c'était pitié de les voir remuer des cartes le soir sur une table à jeu, sans savoir ce qu'ils faisaient et sans savoir lequel des deux avait gagné ou perdu la partie.

Enfin, vers la fin de ventôse, Saint-Jean arriva au pas de course. Ce fut peut-être la seule fois de sa vie qu'il oublia d'entrer au cabaret en sortant de la poste. Ce fut peut-être aussi la seule fois qu'à l'aide de *son* éperon d'argent il mit au galop ce paisible cheval blanc qui a vécu presque aussi longtemps que lui. Au bruit inusité de sa démarche triom-

---

[1] Elle ne se trompait pas, mais elle ne le sut jamais.

phante, ma grand'mère tressaillit, courut à sa rencontre et reçut la lettre suivante :

LETTRE IX

Conegliano, le 6 ventôse an IX (février 1801).

Enfin je suis hors de leurs mains! je respire. Ce jour est pour moi celui du bonheur et de la liberté! J'ai l'espoir certain de te revoir, de t'embrasser dans peu, et tout ce que j'ai souffert est oublié. Dès ce moment tous mes soins, toutes mes démarches vont tendre à te rejoindre. Le détail de toutes mes infortunes serait trop long. Je te dirai seulement qu'après être resté deux mois dans leurs mains, marchant toujours dans les déserts de la Carinthie et de la Carniole, nous avons été menés jusqu'aux confins de la Bosnie et de la Croatie; nous allions entrer dans la basse Hongrie, lorsque, par l'événement le plus heureux, on nous a fait retourner sur nos pas ; et, pris un des derniers, j'ai été rendu un des premiers. Je suis maintenant au second poste français, où j'ai trouvé un lit, meuble dont je ne me suis point servi depuis environ trois mois, car j'étais resté un mois, avant d'être pris, sans me déshabiller pour dormir, et depuis ma prise jusqu'à ce jour, je n'ai eu d'autre lit que de la paille. En revenant à l'armée, j'espérais retrouver le général Dupont et mes camarades; mais j'apprends qu'il est rappelé pour avoir, par son intrépide passage du Mincio, excité la jalousie d'un homme dont on ne tardera pas à reconnaître l'incapacité. A son défaut, je comptais sur le général Watrin, un de ses généraux de division et son ami, qui m'a témoigné en toute circonstance la plus grande bonté; j'apprends aussi qu'il est parti pour Ancône, dont je me trouve à plus de cent lieues, car je suis maintenant derrière Trévise. Le général Dupont ayant emmené, à ce que je présume, mes chevaux et mes bagages, il ne me reste plus qu'à m'adresser au général Mounier, qui est aussi un de ses généraux divisionnaires. Je ne doute pas qu'il ne me donne les moyens de retourner près de toi, et je vais me diriger vers Bologne, où il est maintenant. Je ne puis plus servir jusqu'à mon échange, je suis rendu sur ma parole.

J'éprouve une joie d'être libre, de pouvoir retourner près de toi sans qu'on puisse me faire de reproches! Je suis dans le ravissement, et pourtant j'ai pris comme une habitude de tristesse qui m'empêche encore de comprendre tout mon bonheur. Je vais demain à Trévise, où les nouveaux renseignements que je prendrai décideront de ma route. Adieu, ma bonne mère, plus d'inquiétudes, plus de chagrin. Je t'embrasse, et n'aspire qu'au moment de te revoir. J'embrasse l'ami Deschartres et ma bonne. Ce pauvre Deschartres, qu'il y a longtemps que je ne l'ai vu !

LETTRE X

Paris, 25 germinal an IX (avril 1801).

Après bien des ennuis et des affaires qui m'ont retenu à Ferrare et à Milan, où j'ai retrouvé le général Watrin, un de nos meilleurs amis de l'aile droite, et qui m'a fait toucher, non sans peine, mes appointements arriérés, je me suis mis en route avec Georges la Fayette. Nous avons versé quatre fois, et cependant, en dépit des mauvais chemins, des mauvais chevaux, des mauvaises voitures et des brigands[1], nous sommes arrivés à Paris sains et saufs hier matin. J'ai vu déjà mes neveux, mon oncle, mon général, et j'ai été reçu de tous avec la plus vive effusion. Mais ma joie n'était pas pure, tu manquais à mon bonheur. En passant dans la rue Ville-l'Évêque, je regardai tristement notre maison, où tu n'étais plus, et mon cœur fut bien

[1] C'était le temps où les routes de la France étaient infestées de coupe-jarrets de toute espèce, chauffeurs, chouans, déserteurs, rebut de tous les partis, mais plus particulièrement du parti royaliste.

serré. Je crois rêver de me voir rendu à ma patrie, à ma mère, à mes amis; je suis triste quoique heureux! Pourquoi triste? Je n'en sais rien! Il y a des émotions qu'on ne peut pas définir. C'est sans doute l'impatience de te voir.

Je fus voir le général Dupont le matin même de mon arrivée. Il n'y était pas, j'y retournai à cinq heures, je le trouvai à table avec plusieurs autres généraux. En me voyant entrer, il se leva pour m'embrasser. Nous nous sommes serrés mutuellement avec la plus vive affection et des larmes de joie dans les yeux. Morin était fou de plaisir. Pendant le dîner, le général s'est plu à citer plusieurs traits honorables pour moi et à faire mon éloge. En rentrant au salon, nous nous sommes encore embrassés. Après tant de périls et de travaux, cette réception amicale était pour moi bien douce, j'étais suffoqué d'attendrissement. Il existe une union réelle parmi des compagnons d'armes. On a mille fois bravé la mort ensemble, on a vu couler leur sang, on est aussi sûr de leur courage que de leur amitié. Ce sont véritablement des frères, et la gloire est notre mère. Il en est une plus tendre, plus sensible, et que j'aime encore mieux. C'est vers elle que se portent tous mes vœux, c'est à elle que je pense quand mon général et mes amis me disent qu'ils sont contents et fiers de moi.

Je voulais t'aller embrasser tout de suite, mais

Beaumont me dit que tu vas venir, et Pernon t'a trouvé un autre logement rue Ville-l'Évêque. Pons dit que l'état de tes finances te permet d'arriver. Arrive donc vite, bonne mère, ou je cours te chercher. Le général Dupont veut pourtant me retenir pour me présenter à toutes *nos grandeurs ;* je ne sais à qui entendre. Si tu pouvais venir de suite, affaires et bonheur iraient de compagnie : réponds-moi donc aussitôt, ou je pars. Qu'il est doux, le moment où l'on retrouve tout ce qui vous est cher, sa mère, sa patrie, ses amis! Tu ne saurais croire comme j'aime ma patrie. Comme on sent le prix de la liberté quand on l'a perdue, on sent de même l'amour de la patrie quand on en a été éloigné. Tous ces gens de Paris n'entendent rien à un tel langage. Ils ne connaissent que l'amour de la vie et de l'argent. Moi, je ne connais le prix de la vie qu'à cause de toi. J'ai vu déjà tant de gens tomber à mes côtés sans presque s'en apercevoir, que je regarde ce changement de la vie à la mort comme très-peu de chose en soi-même. Enfin je l'ai conservée malgré le peu de soin que j'en ai pris, cette vie que je veux te consacrer entièrement quand j'aurai encore donné quelques années au service de la France.

Je vais voir le logement que Pernon t'a trouvé, et le faire préparer pour ton arrivée. Je ne pense qu'à cela ; je t'embrasse de toute mon âme.

LETTRE XI

(Sans date ni indication de lieu.)

A MADAME ***.

Ah! que je suis heureux et malheureux en même temps! Je ne sais que faire et que dire. Ma chère Victoire, je sais que je t'aime passionnément, et voilà tout. Mais je vois que tu es dans une position brillante, et moi, je ne suis qu'un pauvre petit officier qu'un boulet peut emporter avant que j'aie fait fortune à la guerre. Ma mère, ruinée par la révolution, a bien de la peine à m'entretenir, et dans ce moment, sortant des mains de l'ennemi, dépouillé, ayant à peine de quoi me vêtir, j'ai la figure d'un homme qui meurt de faim plus que celle d'un fils de famille. Tu m'as aimé pourtant ainsi, ma chère et charmante amie, et tu as mis avec un rare dévouement ta bourse à ma disposition. Qu'as-tu fait? qu'ai-je fait moi-même en acceptant ce secours? Malgré la certitude que j'ai de m'acquitter dans bien peu de temps, je souffre affreusement de cette situation où tu m'as mis en me trompant. Ce n'est pas un reproche, Victoire, non, ce n'en est pas un, et ce n'en sera jamais! Mais si j'avais su que tu n'étais pas mariée, que tout ce luxe ne t'appartenait pas.... Je me trompe, je ne sais ce que je dis, il t'appartient, puisque l'amour te l'a donné : mais quand je songe aux idées qui pourraient lui venir à *lui*.... Il ne les aurait pas longtemps, je le tuerais! Enfin, je suis fou, je t'aime et je suis au désespoir. Tu es libre, tu peux le quitter quand tu voudras, tu n'es pas heureuse avec lui, c'est moi que tu aimes, et tu veux me suivre, tu veux perdre une position assurée et fortunée pour partager les hasards de ma mince fortune. Oui, je sais que tu es l'être le plus fier, le plus indépendant, le plus désintéressé. Je sais en outre que tu es une femme adorable et que je t'adore! Mais je ne puis me résoudre à rien. Je ne puis accepter un si grand sacrifice, je ne pourrais peut-être jamais t'en dédommager. Et puis, ma mère! ma mère m'appelle, et moi je brûle de la rejoindre, en même temps que l'idée de te perdre me fait tourner la tête! Allons, il faut pourtant prendre un parti, et voici ce que je te demande : c'est de ne rien décider encore, c'est de ne pas brusquer les choses de manière à ne pouvoir plus s'en dédire. Je vais passer un certain temps auprès de ma mère, et t'envoyer immédiatement ce que tu m'as prêté. Ne te fâche pas, c'est la première dette que je veux payer. Si tu persistes dans ta résolution, nous nous retrouverons à Paris. Mais jusque-là réfléchis bien, et surtout ne me consulte pas. Adieu, je t'aime éperdument, et je suis si triste que je regrette presque le temps où je pensais à toi sans espoir dans les déserts de la Croatie.

LETTRE XII

Paris, 3 floréal an IX (avril 1801).

A MADAME DUPIN, A NOHANT.

Je pars lundi. Je vais donc enfin te revoir, ma bonne chère mère, te serrer dans mes bras! Je suis au comble de la joie. Toutes ces lettres, toutes ces réponses sont d'une lenteur insupportable. Je me repens de les avoir attendues et d'avoir reculé le plus doux moment de ma vie. Paris m'ennuie déjà. C'est singulier, depuis quelque temps je ne me trouve bien nulle part; je vais goûter à Nohant, près de toi, le calme dont j'ai besoin. Mes camarades Merlin, Morin et Decouchy sont en route. Nous allons laisser notre général seul. On ne dit encore rien de certain sur les expéditions; j'espère pourtant que lorsqu'on se sera décidé à quelque chose, on n'oubliera pas les lauriers du Mincio. C'est sur ces lauriers sanglants que nous avons déposé nos armes. Faudra-t-il donc que tant de braves officiers et de généreux soldats sacrifiés là pour conquérir la paix sortent de la tombe pour crier honte et vengeance contre de lâches calomniateurs ? Tu n'as pas d'idée de ce qui se dit autour du général en chef[1] pour pallier l'horrible indifférence avec laquelle il a laissé assassiner nos braves. Quelqu'un chez lui, par sa permission ou par son ordre, a osé dire, entre autres choses, que je m'étais fait prendre pour donner à l'ennemi le plan et la marche de l'armée. Le général Dupont et mes camarades, qui se trouvaient là, ont heureusement relevé ces pieds plats de la belle manière.

N'impute pas tous ces retards à un refroidissement de mon amour pour toi. O ma bonne mère, ce serait bien injuste ! mais songe que j'avais des affaires impossibles à remettre, des dettes à payer de tous les côtés. Dépouillé de vingt-six louis que j'avais, par messieurs les Autrichiens, rendu sans un sou, sans un vêtement, après avoir fait trois cents lieues à pied, tu penses bien qu'il m'a fallu emprunter à mes amis, à mes camarades pour me rhabiller et revenir en France. Dieu merci, tout est payé ; mais j'ai eu du malheur dans ces derniers

---

[1] Le général Brune.

temps, moi à qui tout réussissait. Il y a eu dans cette campagne des aides de camp qui ont eu jusqu'à trois cents louis de gratification, et moi, qui suis revenu après les partages, je n'ai rien eu que des dettes à payer; j'ai subi tous les malheurs de la guerre. Et pourtant tu verras que je ne t'ai pas ruinée et que j'ai dépensé aussi peu que possible.

Adieu, ma bonne mère, je vais plier bagage et arriver.... toujours trop tard au gré de mon impatience. Je t'embrasse de toute mon âme. Que je vais être content de revoir père Deschartres et ma bonne!

MAURICE.

CHAPITRE TROISIÈME

Incidents romanesques. — Malheureux expédient de Deschartres. — L'auberge de la *Tête-Noire*. — Chagrins de famille. — Courses au Blanc, à Argenton, à Courcelles, à Paris. — Suite du roman. — Le général ***. — L'oncle de Beaumont. — Résumé de l'an IX.

Qu'on me permette, pour esquisser quelques événements romanesques, de désigner mes parents par leurs noms de baptême. C'est en effet un chapitre de roman. Seulement il est vrai de tous points.

Maurice arriva à Nohant dans les premiers jours de mai 1801. Après les premières effusions de la joie, sa mère l'examina avec quelque surprise. Cette campagne d'Italie l'avait plus changé que la campagne de Suisse. Il était plus grand, plus maigre, plus fort, plus pâle. Il avait grandi d'un pouce depuis son enrôlement, fait assez rare à l'âge de vingt et un ans, mais amené probablement par les marches extraordinaires auxquelles il avait été forcé par les Autrichiens. Malgré les transports de plaisir et de gaieté qui remplirent les premiers jours de ce rapprochement avec sa mère, on ne tarda pas à s'apercevoir qu'il était parfois rêveur et poursuivi par une mélancolie secrète. Et puis, un jour qu'il était allé faire des visites à la Châtre, il resta plus longtemps que de raison. Il y retourna le lendemain sous un prétexte, le surlendemain sous un autre, et le jour suivant il avoua à sa mère, inquiète et chagrine, que Victoire était venue le rejoindre. Elle avait tout quitté, tout sacrifié à un amour libre et désintéressé; elle lui donnait de cet amour la preuve la plus irrécusable. Il était ivre de reconnaissance et de tendresse; mais il trouva sa mère si hostile à cette réunion qu'il dut refouler toutes ses pensées en lui-même et dissimuler la force de son affection. La voyant sérieusement alarmée du scandale qu'une pareille aventure allait faire et faisait déjà dans la petite ville, il promit de persuader à Victoire de retourner bien vite à Paris. Mais il ne pouvait le lui persuader, il ne pouvait se le persuader à lui-même, qu'en promettant de la suivre ou de la rejoindre bientôt, et là était la difficulté. Il fallait choisir entre sa mère et sa maîtresse, tromper ou désespérer l'une ou l'autre. La pauvre mère avait compté garder son cher fils jusqu'au moment où il serait rappelé par son service, et ce moment pouvait être assez éloigné, puisque toute l'Europe travaillait à la paix et que c'était l'unique pensée de Bonaparte à cette époque. Victoire avait tout sacrifié, elle avait brûlé ses vaisseaux, elle ne comprenait plus d'autre fortune, d'autre bonheur que celui de vivre sans prévision du lendemain, sans regret de la veille, sans obstacle dans le présent, avec l'objet de son amour. Mais était-ce au retour d'une campagne durant laquelle sa mère avait tant gémi, tant pleuré et tant souffert, que cet excellent fils pouvait la quitter au bout de quelques jours? Était-ce au moment où Victoire lui montrait un dévouement si passionné qu'il pouvait lui parler du chagrin de sa mère, de l'indignation des collets-montés de la province, et la renvoyer comme une maîtresse vulgaire qui vient de faire un coup de tête impertinent? Il y avait là plus que la lutte de deux amours, il y avait la lutte de deux devoirs.

Il essaya d'abord, pour rassurer sa mère, de tourner l'affaire en plaisanterie. Il eut tort peut-être. Il l'eût attendrie, sinon persuadée, par des raisons sérieuses. Mais il craignit les anxiétés qu'elle était sujette à se créer, et cette sorte de jalousie qui n'était que trop certaine, et qui trouvait pour la première fois un aliment réel.

Cette situation était, pour ainsi dire, insoluble. Ce fut l'ami Deschartres qui trancha la difficulté par une énorme faute, et qui dégagea le jeune homme des scrupules qui l'assiégeaient.

Dans son dévouement à madame Dupin, dans son mépris pour l'amour, qu'il n'avait jamais connu, dans son respect pour les convenances, le pauvre pédagogue eut la malheureuse idée de frapper un grand coup, s'imaginant mettre fin par un éclat à une situation qui menaçait de se prolonger. Un beau matin, il part de Nohant avant que son élève ait les yeux ouverts, et il se rend à la Châtre, à l'auberge de la *Tête-Noire,* où la jeune voyageuse était encore livrée aux douceurs du sommeil. Il se présente comme un ami de Maurice Dupin. On le fait attendre quelques instants, on s'habille à la hâte, on le reçoit. A peine troublé par la grâce et la beauté de Victoire, il la salue avec cette brusque gaucherie qui le caractérise, et débute par procéder à un interrogatoire en règle. La jeune femme, que sa figure divertit et qui ne sait à qui elle a affaire, répond d'abord avec douceur, puis avec enjouement, et le prenant pour un fou, finit par éclater de rire. Alors Deschartres, qui jusque-là avait gardé un ton magistral, entre en colère et devient rude, grondeur, insolent. Des reproches il passe aux menaces. Son esprit n'est pas assez délicat, son cœur n'est pas assez tendre pour avertir sa conscience de la lâcheté qu'il va commetre en insultant une femme dont le défenseur est absent. Il l'insulte, il s'emporte, il lui ordonne de reprendre la route de Paris le jour même, et la menace de faire intervenir les *autorités constituées,* si elle ne fait ses paquets au plus vite.

Victoire n'était ni craintive ni patiente. A son tour, elle raille et froisse le pédagogue. Plus prompte que prudente à la réplique, douée d'une vivacité d'élocution qui contraste avec le bégayement qui s'emparait de Deschartres lorsqu'il était en colère, fine et mordante comme un véritable enfant de Paris, elle le pousse bravement à la porte, la lui ferme au nez, en lui jetant à travers la serrure la promesse de partir le jour même, mais avec Maurice ; et Deschartres, furieux, atterré de tant d'audace, se consulte un instant et prend un parti qui met le comble à la folie de sa démarche. Il va chercher le maire et un des amis de la famille qui remplissait je ne sais quelle autre fonction municipale. Je ne sais pas s'il ne fit pas avertir la gendarmerie. L'auberge de la *Tête-Noire* fut promptement envahie par ces respectables représentants de l'autorité. La ville crut un instant à une nouvelle révolution, à l'arrestation d'un personnage important, tout au moins.

Ces messieurs, alarmés par le rapport de Deschartres, marchaient bravement à l'assaut, s'imaginant avoir affaire à une armée de furies. Chemin faisant, ils se consultaient sur les moyens légaux à employer pour forcer l'ennemi à évacuer la ville. D'abord il fallait lui demander ses papiers, et s'il n'en avait pas, il fallait exiger son départ et le menacer de la prison. S'il en avait, il fallait tâcher de trouver qu'ils n'étaient pas en règle et élever une chicane quelconque. Deschartres, tout boursouflé de colère, stimulait leur zèle. Il réclamait l'intervention de la force armée. Cependant l'appareil du pouvoir militaire ne fut pas jugé indispensable ; les magistrats pénétrèrent dans l'auberge, et, malgré les représentations de l'aubergiste, qui s'intéressait vivement à sa belle hôtesse, ils montèrent l'escalier avec autant de courage que de sang-froid.

J'ignore s'ils firent à la porte les trois sommations légales en cas d'émeute, mais il est certain qu'ils n'eurent à franchir aucune espèce de barricade, et qu'ils ne trouvèrent dans l'antre de la mégère dépeinte par Deschartres qu'une toute petite femme, jolie comme un ange, qui pleurait, assise sur le bord de son lit, les bras nus et les cheveux épars.

A ce spectacle, les magistrats, moins féroces que le pédagogue, se rassurèrent d'abord, s'adoucirent ensuite et finir par s'attendrir. Je crois que l'un d'eux tomba très-amoureux de la terrible personne, et que l'autre comprit fort bien que le jeune Maurice pouvait l'être de tout son cœur. Ils procédèrent avec beaucoup de politesse et même de courtoisie à son interrogatoire. Elle refusa fièrement de leur répondre, mais quand elle les vit prendre son parti contre les invectives de Deschartres, imposer silence à ce dernier, et se piquer envers elle d'une paternelle bienveillance, elle se calma, leur parla avec douceur, avec charme, avec courage et confiance. Elle ne cacha rien, elle raconta qu'elle avait connu Maurice en Italie, qu'elle l'avait aimé, qu'elle avait quitté pour lui une riche protection, et qu'elle ne connaissait aucune loi qui pût lui faire un crime de sacrifier un général à un lieutenant et sa fortune à son amour. Les magistrats la consolèrent, et remontrant à Deschartres qu'ils n'avaient aucun droit de persécuter cette jeune femme, ils l'engagèrent à se retirer, promettant d'employer le langage de la douceur et de la persuasion pour l'amener à quitter la ville de son plein gré.

Deschartres se retira en effet, entendant peut-être le galop du cheval qui ramenait Maurice auprès de sa bien-aimée. Tout s'arrangea ensuite à l'amiable et de concert avec Maurice, qu'on eut d'abord quelque peine à calmer, car il était indigné contre son butor de précepteur, et Dieu sait si, dans le premier mouvement de sa colère, il n'eût pas couru après lui pour lui faire un mauvais parti. C'était pourtant l'ami fidèle qui avait sauvé sa mère au péril de ses jours, c'était l'ami de toute sa vie, et cette faute qu'il venait de commettre, c'était encore par amour pour sa mère et pour lui qu'il en avait eu la fatale inspiration. Mais il venait d'insulter et d'outrager la femme que Maurice aimait. La sueur lui en venait au front, un vertige passait devant ses yeux. « Amour, tu perdis Troie ! » Heureusement Deschartres était déjà loin. Rude et maladroit comme il l'était toujours, il allait ajouter aux chagrins de la mère de Maurice, en lui faisant un horrible portrait de l'*aventurière*, et en se livrant sur l'avenir du jeune homme, dominé et aveuglé par cette femme dangereuse, à de sinistres prévisions.

Pendant qu'il mettait la dernière main à son œuvre de colère et d'aberration, Maurice et Victoire se laissaient peu à peu calmer par les magistrats devenus leurs amis communs. Le jeune couple les intéressait vivement, mais ils ne pouvaient oublier la bonne et respectable mère dont ils avaient mission de faire respecter le repos et de ménager la sensibilité. Maurice n'avait pas besoin de leurs représentations affectueuses pour comprendre ce qu'il devait faire. Il le fit comprendre à son amie, et elle promit de partir le soir même. Mais ce qui fut convenu entre eux, après que les magistrats se furent retirés, c'est qu'il irait la rejoindre à Paris au bout de peu de jours. Il en avait le droit, il en avait le devoir désormais.

Il l'eut bien davantage lorsque, revenu auprès de sa mère, il la trouva irritée contre lui et refusant de donner tort à Deschartres. Le premier mouvement du jeune homme fut de partir pour éviter une scène violente avec son ami, et madame Dupin, effrayée de leur mutuelle irritation, ne chercha pas à s'y opposer. Seulement, pour ne pas faire acte de désobéissance et de bravade envers cette mère si tendre et si aimée, Maurice lui annonça, en ayant même l'air de la consulter sur l'opportunité de cette démarche, un petit voyage au Blanc, chez son neveu Auguste de Villeneuve, puis à Courcelles, où était son autre neveu René, alléguant la nécessité de se distraire de pénibles émotions, et d'éviter une rupture douloureuse et violente avec Deschartres. Dans quelques jours, lui dit-il, je reviendrai calmé, Deschartres le sera aussi, ton chagrin sera dissipé et tu n'auras plus d'inquiétudes, puisque Victoire est déjà partie. Il ajouta même, en la voyant pleurer amèrement, que Victoire serait probablement consolée de son côté, et que, quant à lui, il travaillerait à l'oublier. Il mentait, le pauvre enfant, et ce n'était pas la première fois que la tendresse un peu pusillanime de sa mère le forçait à mentir. Ce ne fut pas non plus la dernière fois, et cette nécessité de la tromper fut une des grandes souffrances de sa vie ; car jamais caractère ne fut plus loyal, plus sincère et plus confiant que le sien. Pour dissimuler, il était forcé de faire une telle violence à son instinct, qu'il s'en tirait toujours mal et ne réussissait pas du tout à tromper la pénétration de sa mère. Aussi, lorsqu'elle le vit monter à cheval, le lendemain matin, elle lui dit tristement qu'elle savait bien où il allait... Il donna sa parole d'honneur qu'il allait au Blanc et à Courcelles. Elle n'osa pas lui faire donner sa parole d'honneur qu'il n'irait point de là à Paris. Elle sentit qu'il ne la donnerait pas, ou qu'il y manquerait. Elle dut sentir aussi qu'en sauvant les apparences vis-à-vis d'elle, il lui donnait toutes les preuves de respect et de déférence qu'il pouvait lui donner en une telle situation.

Ma pauvre grand'mère n'était donc sortie d'une douleur et d'une inquiétude mortelle que pour retomber dans de nouveaux chagrins et dans de nouvelles appréhensions. Deschartres lui avait rapporté, de son orageux entretien avec ma mère, que celle-ci lui avait dit : « Il ne tient qu'à moi d'épouser Maurice, et si j'étais ambitieuse comme vous le croyez, je donnerais ce démenti à vos insultes. Je sais à quel point il m'aime, et vous, vous ne le savez pas ! » Dès ce moment, la crainte de ce mariage s'empara de madame Dupin, et à cette époque c'était une crainte puérile et chimérique. Ni Maurice ni Victoire n'en avaient eu la pensée. Mais, comme il arrive toujours qu'on provoque les dangers dont on se préoccupe avec excès, la menace de ma mère devint une prophétie, et ma grand'mère, Deschartres surtout, en précipitèrent l'accomplissement par le soin qu'ils prirent de l'empêcher.

Ainsi qu'il l'avait annoncé et promis, Maurice alla au Blanc, et de là il écrivit à sa mère une lettre qui peint bien la situation de son âme.

LETTRE XIII

Le Blanc, prairial an IX (mai 1801).

Ma mère, tu souffres, et moi aussi. Et il y a quelqu'un de coupable entre nous qui, par bonne intention, je le reconnais, mais sans jugement et sans ménagement aucun, nous a fait beaucoup de mal. Voici, depuis la terreur, le premier chagrin sérieux de ma vie. Il est profond, et peut-être plus amer que le premier ; car si nous étions malheureux alors, nous n'avions du moins pas de discussion ensemble ; nous n'avions qu'une pensée, qu'une volonté, et aujourd'hui nous voilà divisés, non de sentiments, mais d'opinions sur certains points assez importants. C'est la plus grande douleur qui pût nous arriver, et je prendrai difficilement mon parti sur l'influence fâcheuse que l'ami Deschartres exerce sur toi en cette occasion. Comment se fait-il, ma bonne mère, que tu voies les choses au même point de vue qu'un homme, honnête et dévoué sans doute, mais brutal, et qui juge de certains actes et de certaines affections comme un aveugle des couleurs ? Je n'y comprends rien moi-même, car j'ai beau interroger mon cœur, je n'y vois pas même la pensée d'un tort envers toi, je sens mon amour pour toi plus pur, plus grand que tout autre amour, et l'idée de te causer une souffrance m'est aussi étrangère et aussi odieuse que l'idée de commettre un crime.

Mais raisonnons un peu, maman. Comment se fait-il que mon goût pour telle ou telle femme soit une injure pour toi et un danger pour moi qui doive t'inquiéter et te faire répandre des larmes? Dans toutes ces occasions-là, tu m'as toujours considéré comme un homme à la veille de se déshonorer, et déjà du temps de mademoiselle *** tu te créais des soucis affreux, comme si cette personne devait m'entraîner à des fautes impardonnables. Aimerais-tu mieux que je fusse un suborneur qui porte le trouble dans les familles? et quand je rencontre des personnes de bonne volonté, dois-je donc jouer le rôle d'un Caton? Cela est bon pour Deschartres qui n'a plus mon âge et qui d'ailleurs n'a peut-être pas rencontré beaucoup d'occasions de pécher, soit dit sans malice. Mais venons au fait. Je ne suis plus un enfant, et je puis très-bien juger des personnes qui m'inspirent de l'affection. Certaines femmes sont, je le veux bien, pour me servir du vocabulaire de Deschartres, des filles et des créatures. Je ne les aime ni les recherche. Je ne suis ni assez libertin pour abuser de mes forces, ni assez riche pour entretenir ces femmes-là. Mais jamais ces vilains mots ne seront applicables à une femme qui a du cœur,

L'amour purifie tout. L'amour ennoblit les êtres les plus abjects, à plus forte raison ceux qui n'ont d'autres torts que le malheur d'avoir été jetés dans le monde sans appui, sans ressources et sans guide. Pourquoi donc une femme ainsi abandonnée serait-elle coupable de chercher son soutien et sa consolation dans le cœur d'un honnête homme, tandis que les femmes du monde, auxquelles rien ne manque en jouissances et en considération, prennent toutes des amants pour se désennuyer de leurs maris ? Celle qui te chagrine et t'inquiète tant a quitté un homme qui l'aimait, j'en conviens, et qui l'entourait de bien-être et de plaisirs. Mais l'avait-il aimée au point de lui donner son nom et de lui engager son avenir ? Non. Aussi, quand j'ai su qu'elle était libre de le quitter, n'ai-je pas eu le moindre remords d'avoir recherché et obtenu son amour. Bien loin d'être honteux d'inspirer et de partager cet amour-là, j'en suis fier, n'en déplaise à Deschartres et aux bonnes langues de la Châtre ; car parmi *ces dames* qui me blâment et se scandalisent, j'en sais qui n'ont pas vis-à-vis de moi le droit d'être si prudes. A cet égard-là, je rirais bien un peu, si je pouvais rire quand tu es si triste, ma bonne mère, pour l'amour de moi !

Mais enfin que crains-tu et qu'imagines-tu ? Que je vais épouser une femme qui me ferait *rougir un jour ?* D'abord sois sûre que je ne ferai rien dont je rougisse jamais, parce que si j'épousais cette femme, apparemment je l'estimerais, et qu'on ne peut pas aimer sérieusement ce qu'on n'estime pas beaucoup. Ensuite ta crainte, ou plutôt la crainte de Deschartres, n'a pas le moindre fondement. Jamais l'idée du mariage ne s'est encore présentée à moi ; je suis beaucoup trop jeune pour y songer, et la vie que je mène ne me permet guère d'avoir femme et enfants. Victoire n'y pense pas plus que moi. Elle a été déjà mariée fort jeune ; son mari est mort, lui laissant une petite fille dont elle prend grand soin, mais qui est une charge pour elle. Il faut maintenant qu'elle travaille pour vivre, et c'est ce qu'elle va faire, car elle a déjà eu un magasin de modes et elle travaille fort bien. Elle n'aurait donc aucun intérêt à vouloir épouser un pauvre diable comme moi, qui ne possède que son sabre, son grade peu lucratif, et qui, pour rien au monde, ne voudrait porter atteinte à ton bien-être plus qu'il ne le fait aujourd'hui, et c'est déjà trop !

Tu vois donc bien que toutes ces prévisions du sage Deschartres n'ont pas le sens commun, et que son amitié n'est pas du tout délicate ni éclairée, quand il se plaît à te mettre de telles craintes dans la tête. Son rôle serait de te consoler et de te rassurer, au contraire. Il te fait du mal. Il ressemble à l'ours de la fable qui, voulant écraser une mouche sur le visage de son ami, lui écrase la tête avec un pavé. Dis-lui cela de ma part, et qu'il change de thèse s'il veut que nous restions amis. Autrement ce sera bien difficile. Je peux lui pardonner d'être absurde avec moi, mais non de te faire souffrir et de vouloir te persuader que mon amour pour toi n'est pas à l'épreuve de tout.

D'ailleurs, ma bonne mère, ne me connais-tu pas bien ? Ne sais-tu pas que quand même j'aurais formé le projet de me marier, lors même que j'en aurais la plus grande envie (ce qui n'est pas vrai, par exemple), il suffirait de ton chagrin et de tes larmes pour m'y faire renoncer ? Est-ce que je peux, est-ce que je pourrai jamais prendre un parti qui serait contraire à ta volonté et à tes désirs ? Songe que c'est impossible, et dors donc tranquille.

Auguste et sa femme veulent me garder encore deux ou trois jours. On n'est pas plus aimable qu'eux. Ce ne sont pas des phrases, c'est de la cordialité, de l'amitié. Ils sont bien heureux, eux. Ils s'aiment, ils n'ont point d'ambition, point de projets... mais aussi point de gloire ! Et quand on a bu de ce vin-là, on ne peut plus se remettre à l'eau pure.

Adieu, ma bonne mère ; il me tarde d'aller te rejoindre et te consoler. Pourtant laisse-moi encore écouter pendant deux ou trois jours les graves discours et les sages conseils de mon respectable neveu. Je suis un oncle débonnaire qui se laisse endoctriner.

J'ai besoin de sermons plus tendres que ceux de Deschartres, et je sens que l'air de Nohant ou de la Châtre ne serait pas encore bon pour moi dans ce moment-ci.

Je t'embrasse de toute mon âme, et je t'aime bien plus que tu ne crois.

MAURICE.

LETTRE XIV

Argenton.

Je suis resté au Blanc un jour de plus que je ne croyais, ma bonne mère, et me voilà à Argenton, chez notre bon ami Scévole, qui veut aussi me garder deux jours et qui jette les hauts cris en me voyant hésiter à le lui promettre. Ah! ma mère, que mon existence est changée depuis trois ans! C'est une chose singulière. J'ai fait de la musique, et même de la bonne musique tous ces jours-ci. Ici je vais en faire encore, car Scévole est toujours un dilettante passionné et il fait autant de fête à mon violon qu'à moi. Eh bien, autrefois je n'aurais pas songé à autre chose, j'aurais tout oublié avec la musique, et aujourd'hui elle m'attriste au lieu de m'électriser. Je crains la paix, je désire le retour des combats avec une ardeur que je ne puis comprendre et que je ne saurais expliquer. Puis je songe qu'en voulant m'éloigner encore de toi, je te prépare de nouveaux chagrins. Cette idée empoisonne celle du plaisir que je goûterais au milieu des batailles et des camps. Tu serais triste et tourmentée, et moi aussi. Il n'est donc pas de bonheur en ce monde? Je commence à m'en aviser; comme un fou que je suis, je l'avais oublié, et cette belle découverte me frappe de stupeur. Cependant je me sens incapable de me distraire et de m'étourdir loin des combats. Après de telles émotions, tout me paraît insipide. Je n'avais que ta tendresse pour me les faire oublier, et il faut que ce bonheur-là même soit empoisonné pour quelques instants !

Je suis comme un enragé quand je vois défiler des troupes, quand j'entends le son belliqueux des instruments guerriers. Nous autres gens de guerre, nous sommes des espèces de fous dont les accès redoublent comme ceux des autres fous quand ils voient ou entendent ce qui leur rappelle les causes de leur égarement. C'est ce qui m'est arrivé ce soir en voyant passer une demi-brigade. Je tenais mon violon, je l'ai jeté là. Adieu Haydn, adieu Mozart, quand le tambour bat et que la trompette sonne! J'ai gémi de mon inaction. J'ai presque pleuré de rage. Mon Dieu, où est le repos, où est l'insouciance de ma première jeunesse?

A bientôt, ma bonne mère, j'irai me calmer et

me consoler dans tes bras. Bonsoir à Deschartres. Dis-lui qu'il a par ici une réputation admirable de savant agriculteur et de croque-note fieffé. Je t'embrasse de toute mon âme. Et ma pauvre bonne, elle ne m'a pas jeté la pierre, elle! Qu'elle te rassure et te console. Écoute-la. Elle a plus de bon sens que tous les autres.

Une tendre lettre de ma grand'mère ramena Maurice au bercail pour quelques jours. Deschartres le reçut d'un air morne et assez rogue, et voyant qu'il ne s'approchait pas pour l'embrasser, il tourna le dos et alla faire une scène au jardinier à propos d'une planche de laitues. Un quart d'heure après il se trouva face à face dans une allée avec son élève. Maurice vit que le pauvre pédagogue avait les yeux pleins de larmes. Il se jeta à son cou. Tous deux pleurèrent sans se rien dire, et revinrent bras dessus, bras dessous retrouver ma grand'mère qui les attendait sur un banc, et qui fut heureuse de les voir réconciliés.

Mais Victoire écrivait! C'est tout au plus si à cette époque elle savait écrire assez pour se faire comprendre. Pour toute éducation, elle avait reçu en 1788 les leçons élémentaires d'un vieux capucin qui apprenait *gratis* à lire et à réciter le catéchisme à de pauvres enfants. Quelques années après son mariage, elle écrivait des lettres dont ma grand'-mère elle-même admirait la spontanéité, la grâce et l'esprit. Mais à l'époque que je raconte, il fallait les yeux d'un amant pour déchiffrer ce petit grimoire et comprendre ces élans d'un sentiment passionné qui ne pouvait trouver de forme pour s'exprimer. Il comprit pourtant que Victoire était désespérée, qu'elle se croyait méconnue, trahie, oubliée. Il reparla alors du voyage de Courcelles. Ce furent de nouvelles craintes, de nouveaux pleurs. Il partit cependant, et le 28 prairial il écrivait de Courcelles :

LETTRE XV

Courcelles, le 28 prairial (juin 1801).

Je suis arrivé ici hier soir, ma bonne mère, après avoir voyagé assez durement par la patache, mais en revanche très-rapidement. J'ai fait là un voyage fort triste. Ta douleur, tes larmes me poursuivaient comme un remords, et pourtant mon cœur me disait que je n'étais pas coupable, car tout ce que tu me demandes, c'est de t'aimer, et je sens bien que je t'aime. Tes larmes! est-il possible que je t'en fasse verser, moi qui voudrais tant te voir heureuse! Mais aussi pourquoi donc t'affliger ainsi? C'est inconcevable et je m'y perds. Cette jeune femme n'a jamais pensé que je l'épouserais, puisque je n'y ai jamais pensé moi-même, et ce qu'elle a pu dire à Deschartres n'est que l'effet d'un mouvement de colère, bien légitimé par les duretés qu'il a été lui débiter. Je ne saurais trop te répéter que rien de tout cela ne fût arrivé s'il s'était tenu tranquille. Je l'aurais fait partir sans éclat, puisque sa présence à la Châtre (dont tu aurais dû ne pas t'occuper) te déplaisait si cruellement. Mais puisqu'il en est ainsi, je te promets que je n'aurai plus jamais de maîtresse sous tes yeux et que je ne te parlerai jamais de mes aventures. Cela me fera un peu souffrir. J'ai pris une telle habitude de te dire tout ce qui m'arrive et tout ce que j'éprouve, que je ne me comprends pas ayant des secrets pour toi! Quelle triste nécessité m'impose cette déplorable affaire, et le coup de tête inconcevable de Deschartres! Allons, n'en parlons plus. Je ne peux pas me brouiller avec lui, je ne voudrais pour rien au monde le brouiller avec toi. Il ne se corrigera guère de ses défauts, apprécions ses qualités, et aimons-nous en dépit de tout.

Je cours ici dans les bois et au bord des eaux, c'est un paradis terrestre. J'ai été reçu avec la plus tendre amitié. René était dans une île du parc avec sa femme. Il est venu me chercher en bateau, et notre embrassade sur l'eau a été si vive, qu'elle a failli faire chavirer l'embarcation.

Adieu, ma bonne mère, à bientôt. Ne t'afflige plus, aime-moi toujours, et sois bien sûre que je ne puis pas être heureux si tu ne l'es pas, car tes chagrins sont les miens. Je t'embrasse de toute mon âme.

LETTRE XVI

Paris, 7 messidor (juin 1801).

Comme tu l'avais prévu, ne me voyant qu'à une journée de Paris, je n'ai pu me dispenser d'y venir passer quelques instants. J'ai vu Beaumont et mon général. Ma belle jument Paméla part demain pour Nohant; le général part demain pour le Limousin. Dans une quinzaine il sera de retour, et m'a promis de passer par Nohant, où je t'aiderai à le recevoir. J'ai vu ce matin Oudinot, qui, étant un peu mieux que nous dans les bonnes grâces, va, j'espère, d'après les instigations de Charles His, demander pour moi le grade de capitaine. Je vais aussi toucher mes appointements, ce qui me procurera l'agrément d'un habit pour aller voir le cardinal Consalvi, qui est ici pour négocier la grande affaire du concordat. Il paraît qu'il a eu bien de la peine à se décider à ce voyage, et qu'il croyait marcher à la guillotine en quittant Rome. Charles His, celui qui m'a accompagné dans mon *ambassade* à Rome, a déjà vu Son

Éminence ici, et en a reçu force embrassades. Allons, ma bonne mère, cette petite excursion, que tu regardes déjà comme une grande extravagance, n'amènera rien de funeste dans ma destinée, sera peut-être utile à mes affaires et ne te coûtera pas un sou. Je n'ai pas encore entendu parler des vingt-six louis que M. de Cobentzel doit me faire restituer; j'irai chez lui demain.

Adieu, bonne mère, je serai bientôt près de toi, et si le ciel me seconde, ce sera comme capitaine. Ne t'afflige pas, je t'en supplie, et ne doute jamais de la tendresse de ton fils.

———

Ce séjour de Maurice à Paris se prolongea jusqu'à la fin de messidor. Diverses affaires servirent de prétexte. La visite à monsignor Consalvi, les vingt-six louis de la commission d'échange, diverses démarches en vue d'obtenir un avancement qu'il n'espérait pas et dont il ne s'occupa guère, la jument blessée au garrot, la fête du 14 juillet, tels furent les motifs plus ou moins sérieux qui couvrirent d'un voile assez transparent les jours consacrés à l'amour. Il ne savait pas mentir, ce pauvre enfant, et de temps à autre un cri de l'âme lui échappait : « Tu ne veux pas que je m'intéresse à » une femme qui a tout quitté et tout perdu pour

CHAPITRE TROISIÈME.

» moi! Mais c'est impossible! Toi qui parles, ma
» bonne mère, tu ne témoignerais pas cette indiffé-
» rence à un domestique qui aurait perdu sa place
» pour te suivre, et tu crois que je puis être ingrat
» envers une femme dont le cœur est noble et sin-
» cère? Non, ce n'est pas toi qui me donnerais un
» pareil conseil! »

. . . .

« Allons, plus de chagrins, ma bonne mère, ja-
» mais je n'ai eu l'intention de faire le malheur de
» ta vie, et cette seule pensée me fait horreur. »

. . . .

« Quelles idées vas-tu te faire, que je ne t'aime
» plus! Comment cela te peut-il venir à l'esprit?
» L'amour filial n'est pas un sentiment passager, et
» ne peut s'éteindre que dans un cœur dénaturé. »

Mais les chagrins s'enchaînent les uns aux autres,
et un nouveau coup devait être encore porté à ces
trois personnes désormais liées par une chaîne de
douleurs. La lettre suivante expliquera tout en peu
de mots.

LETTRE XVII

Paris, 30 messidor (juillet 1801).

Le sieur *** est un fou ou un drôle, je viens d'a-
voir avec lui une vive explication en présence de

mon oncle, et la lettre que tu vas recevoir de lui effacera, j'espère, le douloureux effet de celle qu'il a eu l'audace de t'écrire. Il rétracte de tous points l'accusation portée contre moi, accusation infâme et si absurde, que j'en rirais si ce n'était pas un raffinement de méchanceté lâche et insolente que de s'adresser à toi pour me noircir de la sorte. Au reste, j'avais prévu ce qui est arrivé, et je m'attendais à ce nouveau coup pour combler la mesure de nos chagrins. Enfin j'ai agi avec le sieur *** comme je le devais, et tu vas voir par son langage d'aujourd'hui qu'il rétracte d'un bout à l'autre ses calomnies précédentes, qu'il reconnaît que l'argent prêté par Victoire à moi a été rendu au bout de quinze jours par moi à Victoire et par Victoire à lui, que tous les dons qu'elle lui avait *emportés pour en manger le profit avec moi* se réduisaient à *un* diamant de peu de valeur qu'elle avait conservé par mégarde, et qui lui avait été renvoyé avant même qu'elle connût ses plaintes et ses calomnies. Ce monsieur avoue aujourd'hui qu'il a parlé ainsi par colère et dans un moment de jalousie ; qu'il a eu tort et qu'il n'a pas envie de recommencer. Je le crois sans peine !

Adieu, ma bonne mère, je pars demain. N'aie plus de chagrins, je vais te prouver tout cela par des écrits, et j'espère que tu n'attends pas après ces preuves pour être sûre que ton fils n'est pas d'humeur à se déshonorer. Je ne sais pas si je suis un Desgrieux, mais il n'y a point ici de Manon Lescaut. Quant au sieur ***, il est tout ce que tu voudras, mais sois certaine qu'il ne recommencera pas à m'insulter. — Je n'ai plus rien à faire ici pour mes affaires. Le moment n'est pas favorable pour ceux dont les valeureux efforts ont conquis cette paix tant désirée. La position de tous les généraux qui y ont plus ou moins bien contribué est la même. Moreau et Masséna sont sous la remise aussi bien que Brune. On attend de grands changements et de grandes promotions du travail qui va se faire ; mais il me semble qu'on pense beaucoup plus à flatter les ennemis du gouvernement qu'à lui conserver ses vrais amis. Ce qu'il y a de certain, c'est que ceux qui n'ont fait que trahir et conspirer ont de grandes prétentions et de grandes espérances. Qui vivra verra ! N'importe, c'est la France que je sers et que je veux servir.

A revoir, ma bonne mère, je t'aime de toute mon âme, et j'aimerais mieux être mort que d'avoir eu des torts réels envers toi.

HISTOIRE DE MA VIE.

DE M. DE BEAUMONT

A MADAME DUPIN.

Paris, 30 messidor.

Ne soyez pas inquiète, ma bonne sœur, tout s'est bien passé. Maurice est un homme de cœur, nous le savions bien, mais ce que je ne connaissais pas autant, c'est son sang-froid, sa mesure parfaite, son sentiment des convenances, cet art de se posséder qui est au-dessus de son âge et qui en impose plus que tous les emportements. Je m'attendais à un duel, et comme je me connais à ces sortes d'affaires, Maurice m'a trouvé aussi bon pour assister à l'explication que tous ses joyeux et brillants camarades en moustaches. Je n'allais pas là avec un sentiment très-chrétien, je vous le confesse; car ce général *** n'est qu'un pleutre, et je n'avais pas du tout peur pour notre enfant. Tout s'est passé en paroles, vives à la vérité, mais dont le sieur *** s'est contenté à ce qu'il paraît. Les faits d'ailleurs étaient contre lui, et il l'avouait lui-même. Il est toujours épris de la jeune femme, et pendant l'absence de Maurice je vais travailler à les remettre d'accord, car il sera plus heureux pour elle de retourner à lui que de s'aventurer avec Maurice. D'ailleurs, vous n'êtes pas tout à fait dépourvue de prudence en redoutant cette amourette. *Elle* est charmante, elle a beaucoup d'esprit naturel et de la sensibilité véritable, ce qui est encore plus dangereux. Soyez en paix, j'aurai l'œil sur eux. Votre fils vous aime avec tendresse, et en le surveillant vous le gouvernerez toujours. Il serait plus prudent peut-être de lui cacher vos inquiétudes que de les lui montrer.

Tout marche bien ici, malgré l'attente de la paix, qui désole notre jeune héros. Mais le grand héros qui gouverne à présent toutes choses paraît bien décidé à nous la donner. S'il peut se préserver des intrigants, tout ira bien; mais il y en a tant!

Adieu, ma bonne sœur. Je ne suis pas très-content de mon frère le duc. Maurice a très-bien parlé pour moi; mais là aussi il y a des intrigants qui nous divisent.

Bonjour à l'ami Deschartres, et à vous pour la vie.

GODEFROY DE B.

L'oncle Beaumont, autrefois abbé et coadjuteur à l'archevêché de Bordeaux, ce fils de mademoiselle Verrières et du duc de Bouillon, petit-fils de Turenne et parent de M. de la Tour d'Auvergne par conséquent, était un homme plein d'esprit et de sens. Il avait eu, jeune abbé, une existence brillante et orageuse. Il était beau d'une beauté idéale, pétillant de gaieté, brave comme un lieutenant de hussards, poëte comme.... l'*Almanach des Muses*, impérieux et faible, c'est-à-dire tendre et irascible. C'était aussi une nature d'artiste, un type qui dans un autre milieu eût pris les proportions d'un Gondi, dont il avait un peu imité la jeunesse. Retiré du mouvement et du bruit, il vécut paisible après la révolution et ne se mêla point aux *ralliés*, qu'il méprisait un peu, mais sans amertume et sans pédantisme. Une femme gouverna sa vie depuis lors et le rendit heureux. Il fut toujours l'ami fidèle de ma grand'mère, et pour mon père il fut quelque chose comme un père et un camarade.

Mais, on le voit par la lettre qu'on vient de lire, le bel abbé avait la moralité des hommes aimables de son temps, moralité que les hommes d'aujourd'hui ne portent pas plus loin : seulement ils ne sont pas aimables, voilà la différence. Mon grand-oncle était un composé de sécheresse et d'effusion, de dureté et de bonté sans égale. Il trouvait tout naturel de repousser le noble élan de Victoire et de la replacer sous le joug qu'elle venait de briser. « Qu'elle soit riche et qu'elle s'amuse, se disait-il dans son doux cynisme d'épicurien, cela vaudra bien mieux pour elle que d'être pauvre avec l'homme qu'elle aime. Que Maurice l'oublie et n'encourage pas ce dévouement romanesque, cela vaudra bien mieux pour lui que de s'embarrasser d'un ménage et de contrarier sa mère. J'y aurai l'œil. Cette jeune femme m'intéresse ; je veux lui donner de *bons conseils.* » Et il agissait là de la meilleure foi du monde, tant l'intérêt personnel est loin de tout idéal dans la société.

Jamais il n'encouragea la passion de mon père, mais jamais il ne travailla efficacement à la faire avorter, et quand Maurice eut épousé Victoire, il traita celle-ci comme sa fille et ne songea qu'à la rapprocher de ma grand'mère.

Maurice revint à Nohant aux premiers jours de thermidor (derniers jours de juillet 1801), et y resta jusqu'à la fin de l'année. Avait-il résolu d'oublier Victoire pour faire cesser cette lutte avec sa mère ? Ce n'est pas probable, puisqu'elle l'attendit à Paris et l'y retrouva plus épris que jamais. Mais je n'ai point de traces de leur correspondance pendant ces quatre mois. Sans doute c'était une correspondance un peu épiée à Nohant et qu'on faisait disparaître à mesure.

Résumons, ainsi que nous l'avons fait pour les années précédentes, cette année 1801 que nous venons de parcourir avec mon père, et on verra comme la vie générale influe sur celle des individus.

L'an IX est en réalité, sinon nominalement, l'an dernier de la république. Dès le commencement de cette période, l'attentat de la machine infernale donne à Bonaparte l'idée la plus vive de son importance, le sentiment de son pouvoir bien plus que celui de ses dangers, et une confiance singulière dans sa destinée personnelle. On ne peut pas préciser absolument où finit la superstition d'une imagination brûlante, et où commence le charlatanisme d'un esprit sceptique et désabusé, dans cette manière grandiose de se confier à la fortune, dans cette audace qui devient dès lors la base de sa puissante ambition. La gloire est jusque-là comme une religion pour lui et pour tous. Il eût pu s'arrêter au 18 brumaire dans ses conceptions gouvernementales et laisser faire pour lui ce qu'ensuite il a trop fait lui-même en vue de lui-même. A partir de la machine infernale, il n'a plus de foi sincère à cette prétendue destinée qui n'était chez lui qu'une foi instinctive dans les forces vitales de la France. Il personnifie le genre humain dans son individualité, il ne croit plus qu'en lui-même; son étoile, c'est sa volonté; son Dieu, c'est sa propre intelligence. Ses paroles à cet égard sont un symbole dont lui seul pénètre le sens caché, et dont la France est dupe.

Mais peu à peu la France va subir le même prestige et perdre sa foi en elle-même pour ne plus croire qu'en Bonaparte ; ou plutôt chaque homme va croire en lui-même à l'exemple de Bonaparte; le mot de patrie changera de sens. Ce ne sera plus le palladium de l'intérêt commun ; ce sera la garantie des intérêts de chacun. L'intérêt commun, dans nos sociétés où l'inégalité règne encore, est déjà d'un ordre supérieur aux biens matériels. C'est l'honneur et la liberté ; ce n'est pas tout ce que l'humanité a le droit de vouloir et d'attendre ; mais c'est la base première de son idéal, c'est son point de départ dans la conquête du monde complet qu'elle rêve. Tous peuvent prendre à cœur cette noble conquête, tous peuvent y travailler, c'est l'aurore de l'égalité fraternelle. Ce n'est encore qu'une grande abstraction, mais les abstractions sublimes gouvernent l'âme des hommes et grandissent les caractères en élevant les pensées.

Les intérêts particuliers produisent un effet tout contraire. Il n'est point de gouvernement constitué sur ce principe exclusif qui puisse les satisfaire tous, puisqu'ils sont tous divers, et que les nuances infinies de l'inégalité de fortune et de rang créent autant d'intérêts ennemis qu'il y a d'hommes en lutte. Ce fut la grande erreur de Napoléon de croire qu'à force de largesses, de concessions, de séductions et d'impartialité apparente, il rendrait toutes les classes contentes de son administration et intéressées à la maintenir. Il s'épuisa en efforts d'une science incomparable, d'une activité prodigieuse, d'une finesse exquise. Il rallia une grande quantité de créatures qu'il sut intéresser à sa fortune en y attachant la leur; il se fit une majorité d'influences qui l'aidèrent à gouverner. Il ne sut pas faire une société nouvelle qui pût exister par elle-même et survivre à la perte de son chef. Il se servit de la gloire comme d'un prestige sur les masses. Elles le subirent avec trop d'engouement pour ne pas le secouer bientôt avec trop d'ingratitude. En 1815, cet homme qui, comme Louis XIV, croyait être la France, se trouva n'être qu'un homme que la France abandonnait.

Ce ne fut pas faute de génie ni de patriotisme, mais faute d'une religion sociale, que Napoléon échoua dans sa conception. On ne saurait dire à quoi il eût abouti en essayant de faire une société nouvelle; mais il n'y songea point, et il est certain qu'en rétablissant avec des efforts infinis la société ancienne, il fit un vain usage de sa magnifique intelligence, et construisit une œuvre éphémère au sommet de laquelle il ne put pas même rester debout.

L'année 1800 avait été glorieuse et grande. Là, ses facultés atteignirent leur apogée. En 1801 il commença à se corrompre dans les relations diplomatiques. Cette paix qu'il voulait donner au monde était prématurée. Les intérêts individuels, l'avidité industrielle la réclamaient : il prit ce vœu d'une certaine classe pour le vœu de l'humanité. Les guerres de principes ne se résolvent pas par des échanges de possessions et par des concessions territoriales. Il y eut dès lors de la part de Bonaparte une immense vanité à vouloir traiter des intérêts des puissances avec les puissances. Les principes disparurent, la cause de la France ne fut plus la cause de la révolution, elle prit les mesquines proportions d'une affaire. Cette affaire parut immense ; elle remplit l'univers de ses moindres détails ; mais ce ne sont pas les peuples, ce sont les souverains qu'elle intéresse. Les peuples ne s'en préoccupent que parce qu'ils sont trompés sur ces conséquences et ne comprennent pas le mécanisme de leurs véritables intérêts. Aussi voit-on, après bien des négociations et des pourparlers, l'industrialisme anglais, lésé dans sa cupidité, effrayer le peuple britannique et lui faire regretter la guerre le lendemain du jour où la paix fut signée.

D'ailleurs, elle ne dura pas deux ans, cette paix si savamment travaillée, et la lettre des traités n'engageant que des intérêts, ces intérêts, immoraux de leur nature, en dénaturèrent promptement l'esprit. Il en fut ainsi de tous les traités conclus avec les puissances ; les nations épuisèrent leur sang pour des contrats de mauvaise foi, où prévalut toujours une arrière-pensée des souverains et de leur clientèle.

Récapitulons seulement l'an IX pour reconnaître l'inutilité de toutes ces grandes choses, magnifiques en elles-mêmes, avortées dans leurs résultats. Après un charmant système de coquetteries du général républicain envers l'autocrate russe, coquetteries qui rapetissent singulièrement la fierté révolutionnaire personnifiée dans Bonaparte, il se trouve que nous avons écrit sur le sable : Paul Ier est assassiné par l'aristocratie du Nord, jalouse de notre influence. C'est en vain que nous avons organisé habilement la ligue des neutres. L'Angleterre brise notre alliance à Copenhague par un coup brutal et impétueux. Nous commençons, aux premiers jours d'avril, à négocier la paix avec l'Angleterre; cette négociation va durer six mois, pendant lesquels nous perdrons cette aventureuse conquête de l'Égypte, fatale inspiration d'un génie mobile et personnel. En juillet, notre marine se couvre d'une gloire immortelle à Algésiras, vaine gloire, sacrifices perdus. L'Espagne est un auxiliaire sans énergie et qui ne combat pas pour nos principes, mais pour qu'un infant reçoive une couronne en Italie des mains du premier consul. Encore une affaire, rien qu'une affaire ! Au 4 août, nos marins engagent un combat héroïque devant Boulogne contre la flottille de Nelson. De part et d'autre le sang coule, la bravoure déborde, les cadavres flottent sur les eaux. Nous n'y gagnerons que le maintien de nos conquêtes et la protection garantie à nos alliés. Nos principes n'y gagneront rien, puisqu'on pourra aisément revenir sur toutes ces conventions, refuser leur exécution, conserver, comme des armes toujours tournées contre nous, l'Égypte arrosée de notre sang et Malte dont nous ne savons que faire, reformer des alliances et renouer des intrigues contre nous.

Nos idées n'ont donc rien imposé aux souverains par l'intermédiaire des nations qu'ils gouvernent. Ces nations, nous les avions appelées dans notre propagande; un instant émues de nos prodiges, elles sont rentrées dans leurs préoccupations d'intérêt personnel en nous voyant donner l'exemple d'un retour précipité vers le passé. Ces nations avaient, comme nous, des germes révolutionnaires, moins près d'éclore, mais que nous aurions dû féconder, et qui eussent ébranlé le despotisme de leurs gouvernements. Elles voient la France renier sa foi et s'accroupir sous l'aile d'un homme plus puissant et plus fort que tous les despotes de l'Europe : elles ne croient plus à la fraternité des républiques. Elles retournent à l'hostilité des monarchies rivales. La paix est enfin signée, mais personne ne dépose les armes, et la guerre s'organise partout sur des proportions qui vont étonner le monde. Les Anglais viennent voir Paris. Nos salons leur sont ouverts, Fox s'entretient avec Bonaparte. Ils sentent qu'un abîme les sépare. Tous les Anglais comprennent qu'en fait de personnalité cupide, nous sommes des enfants auprès d'eux, et qu'avec de la patience et de l'entêtement ils nous vaincront sur ce terrain de l'astuce et du savoir-faire. Pauvres Français que nous sommes ! Notre voie, notre idéal n'étaient pas là. De faux systèmes, de folles grandeurs, de funestes prestiges nous y précipitent.

Les individualités subissent le contre-coup de cette fâcheuse impulsion que Bonaparte va donner à la France. Le cœur va se resserrer, l'ambition va être la passion dominante, les intrigants seront satisfaits ou affairés, les âmes pures seront tristes et comme oisives dans l'attente de quelque grand événement qui réveillerait en elles la noble chimère d'une guerre de principes. Voilà déjà mon jeune père qui s'ennuie de l'inaction, et qui voudrait s'étourdir dans de nouveaux combats. Condamné au repos, il n'est plus heureux, parce qu'il sent que la vie générale se refroidit autour de lui. Bientôt nous le verrons assister, railleur et indigné, aux intrigues de la nouvelle cour, et, ne sachant plus que faire de sa jeunesse, de sa passion, de son idéal, sa vie sera la proie d'un amour exclusif. Il lui fallait des aventures, des choses difficiles et méritoires à accomplir. Il va épouser une fille du peuple, c'est-à-dire qu'il va continuer et appliquer les idées égalitaires de la révolution dans le secret de sa propre vie. Il va être en lutte dans le sein de sa propre famille contre les principes d'aristocratie, contre le monde du passé. Il brisera son propre cœur, mais il aura accompli son rêve.

CHAPITRE QUATRIÈME

1802. — Fragments de lettres. — Les *beaux* du beau monde. — Projets de mariage. — Études musicales. — Les Anglais à Paris. — Retour du luxe. — Fête du concordat. — La cérémonie à Notre-Dame. — Attitude des généraux. — Deschartres à Paris. — Départ pour Charleville. — Les bêtes féroces. — Épreuves maçonniques et réception. — Retour des préjugés nobiliaires dans certains esprits. — Réponse à Deschartres. — Consulat à vie. — Déboires de la fonction d'aide de camp en temps de paix. — Disgrâce et mécontentement des états-majors.

1802

Maurice, après avoir passé la fin de l'été et tout l'automne auprès de sa mère à Nohant, retourna à Paris vers la fin de 1801. Il écrivit avec la même exactitude que par le passé. Mais ses lettres ne sont plus les mêmes. Ce ne sont plus les mêmes épanchements, la même insouciance, ou, s'il y a insouciance, elle est parfois un peu forcée. Évidemment la pauvre mère a une rivale. Sa tendre jalousie a

fait éclore le mal qu'elle redoutait. Dans les premières lettres de l'an X, il s'entretient particulièrement de la succession de M. de Rochefort, et supplie sa mère de ne pas prendre l'avis des hommes d'affaires, mais de s'en rapporter à la parole des Villeneuve et de finir tout au plus vite : car cette contestation durait encore entre les conseils des parties intéressées. Il lui dit quelque part, en la remerciant de partager ses sentiments à cet égard :
« Auguste est tout *étouffé* de ta lettre. Ses irréso-
» lutions et ses scrupules n'auraient jamais fini si
» tu ne t'étais chargée de les lever. Il me charge
» de te dire, en attendant qu'il te réponde, que tu
» es bien noble et bien grande dans tout cela, et
» qu'il se sent digne d'être traité ainsi par toi.
» C'est la vérité. Son frère et lui sont de vrais amis
» pour nous. J'ai dit à P. d'en finir vite, afin que
» nous n'ayons plus qu'à signer. C'est la situa-
» tion la plus comique qu'on puisse voir que la
» nôtre. Depuis deux ans, nos conseils sont comme
» en procès pour nous, et nous, riant, dînant et
» courant ensemble, nous nous aimons et nous
» entendons malgré eux. »

FRAGMENTS DE LETTRES.

Paris, du 14 frimaire an X.

. . . .

Mon général [1] va avoir, dit-on, l'inspection d'infanterie de Beurnonville. Ainsi nous n'aurons d'autre travail que celui de la digestion, en touchant nos appointements dans les murs de Paris. Nos campagnes se feront désormais au champ de Mars et aux Champs-Élysées. Nous sommes très-bien avec le *grand patron* maintenant. Le mien a été lui porter hier un plan détaillé de la bataille de Marengo. Il a été bien reçu, il y a dîné, et tout va bien de ce côté-là. . . . .

. . . .

Je t'aime, j'embrasse ma bonne, je rosse Deschartres. . . . .

. . . .

Du 28 frimaire.

Nous partons après-demain pour les Ardennes, et les préparatifs les plus terribles se font chez mon

[1] Dupont.

général. C'est un véritable arsenal. On n'y voit que coutelas, baïonnettes, fusils à deux coups, barils de poudre. Nous nous préparons à faire grande déconfiture de loups et de sangliers. Nouveaux Hercules, nous allons, faute de mieux, purger la terre des monstres sauvages. Paris et ses délices n'ont point amolli nos fiers courages, et au moment où chacun prend ses quartiers d'hiver au coin du feu, nous allons braver les frimas. Que le diable emporte la paix! Pourquoi ne pouvons-nous pas mieux employer notre turbulence? . . . .
. . . .

Les anciens amis de Deschartres voudraient bien le voir en écharpe municipale.

Du 4 nivôse.

Tu me croyais déjà dans les Ardennes, ma bonne mère, et moi aussi; mais comme je montais en voiture avec mon général, comme je criais déjà : *Fouette, cocher!* arrive un petit mot du général Murat qui nous fait remonter au salon et déplier bagage. Nous apprenons que le consul a des vues sur nous. . . . .
. . . .

Du 4 nivôse an X.

. . . C'est aujourd'hui que nous avons célébré l'anniversaire du fameux passage [1]. Presque toute l'aile droite était réunie chez mon général. On ne se doutait pas qu'il y aurait des couplets. Je fis un gros paquet de mauvais vers, que son domestique fut chargé d'apporter au milieu du dîner. Le général décachète avec empressement, et le voilà de pouffer de rire. C'était toute une relation héroïco-burlesque de l'affaire. Il la lut tout haut, et chacun de rire aussi en se récriant sur la véracité des faits. Je fus vite deviné, et on voulut me faire chanter mon œuvre; mais pour ne pas recommencer ce qui avait déjà été lu et relu, je chantai une kyrielle d'autres couplets sur le même sujet : cela m'a couvert de gloire à bon marché. On s'est levé de table en riant et en chantant, et en rentrant au salon nous nous sommes tous embrassés les uns les autres, Dupont commençant par moi. Si jamais on a vu de l'*égalité* et de la *fraternité* régner tout de bon parmi quelques hommes, c'était bien entre nous dans ce moment-là.

Nous jouons la comédie chez les Rodier dimanche

---

[1] Le passage du Mincio.

prochain. René quitte les petits habits, qui ne sont plus de mode, moi je vais faire de l'effet avec la culotte noire. Nous dînons tous demain chez Vitrolles. . . . .

. . . .

Paris, du 5 janvier 1802.

. . . . Mon général est parti pour les Ardennes décidément, et moi je reste ici plongé dans l'harmonie. Mon maître de composition s'appelle Gérard, c'est un professeur excellent. Je me casse la tête, mais j'espère me procurer de grandes jouissances en m'initiant aux grands mystères de l'art; je prends tous les jours une leçon de deux heures et demie, et me voilà rêvant un opéra que je veux pouvoir faire au moins dans un an. J'ai toujours la tête pleine de mélodies, et je trouve tout ce travail qu'il faut faire pour apprendre à en accoucher bien terrible et bien refroidissant; mais je m'y acharne, et quand je m'impatiente, je bouscule mon piano et j'y exécute des charges de cavalerie. Le général rit comme un fou de mon projet d'opéra. Il dit que si je suis sifflé, je ne peux pas me dispenser de faire tirer l'épée à toute la salle, pour prouver au public qu'on doit respecter ses aides de camp.

Nous avons été inséparables tous ces jours-ci, lui et moi. Il m'a parlé à cœur ouvert ; il ne raffole pas du *maître*. Il dit qu'on ne sait par quel bout le prendre, qu'il a des accès d'humeur où il est inabordable. Ce n'est donc pas le moment pour moi de demander de l'avancement, et je me tiendrai tranquille. Cependant le général croit que nous recevrons quelque commission importante au retour du grand patron [1].

J'ai été à la parade ; nous nous sommes trouvés réunis dans les appartements et j'y ai revu tous les aides de camp de l'armée de réserve et d'Italie ; j'ai été reçu par eux à bras ouverts, et comme, dans notre joyeuse humeur, nous parlions très-haut et tous à la fois, le général Mortier, commandant la division de Paris, est venu nous prier de nous taire, attendu qu'on n'entendait que nous. Brière, aide de camp de Berthier, lui a répondu, au nom de la troupe, que c'était ce qui pouvait arriver de plus heureux, vu que nous disions des choses charmantes.

. . . .

Tous les aimables de la société *** [2], les G..., les M..., les P..., sont les freluquets les plus condition-

---

[1] Bonaparte était alors à Lyon, où il présidait la consulte italienne.

[2] Société des plus huppées de l'ancien régime. J'ai changé les initiales et supprimé les noms propres. Il serait donc inutile de chercher à qui s'appliqueront les critiques de mon père.

nés que je connaisse. Ils parlent pendant une heure sans rien dire, décident de tout à tort et à travers, et ont tellement à cœur, sous prétexte de belles manières, de se copier les uns les autres, que qui en a vu un seul les connaît tous. Il faut vivre dans le monde, dis-tu. C'est possible, ma bonne mère; mais il n'y a rien de plus sot que tous ces gens qui n'ont pour tout mérite qu'un nom dont l'éclat ne leur appartient pas. Soyez hommes si vous voulez que je vous estime, et si vous n'êtes que des poupées, ne soyez pas si vains et si impertinents : voilà ce que je suis toujours au moment de leur dire; mais ma morale est hors de saison et n'a jamais fait fortune dans le monde. Avec toi, je peux bien penser tout haut là-dessus.

18 janvier.

. . . .
Oui, madame de la Marlière[1] veut absolument me marier avec une demoiselle de Ramière[2] qui a vingt

[1] C'était la veuve du général de la Marlière qui fut enveloppé dans le procès de Custine et guillotiné.
[2] Je crois que c'est la même qui a été mariée à M. de Wismes, préfet d'Angers, et dont les filles ont été au couvent avec moi.

mille livres de rente et beaucoup de talent et d'esprit, à ce qu'elle assure. En outre, elle est fort jolie, dit-on. Certainement, ma bonne mère, vingt mille livres de rente ne me feraient pas grand mal, je voudrais bien les avoir pour te les donner : mais malgré les agréments si vantés de l'héritière en question, je t'avoue que je n'ai pas la moindre envie de me marier. Il faut si peu de chose pour gâter les projets de bonheur qu'on se laisse mettre en tête! D'abord tu sauras que cette demoiselle est fort pieuse, dévote en d'autres termes. Comment t'arrangerais-tu, dis-moi, d'une belle-fille qui se scandaliserait de tes opinions? Tu vois bien qu'il ne faut pas donner si vite dans tout cela, et tu me permettras bien d'y réfléchir. Je ne me réjouis pas absolument d'être un pauvre pingre, mais j'en prends fort bien mon parti, et même je m'aperçois que les plaisirs les plus vrais et les plus purs ne sont pas ceux qui nous ruinent. Avec mon maître de composition et mon piano de louage, je m'amuse beaucoup mieux que dans le monde, et la nuit, quand je me suis oublié à travailler la musique jusqu'à trois heures du matin, je sens que je suis beaucoup plus calme et plus heureux que si j'avais été au bal. Je m'entête à devenir bon harmoniste, et j'y réussirai. Je ne néglige pas non plus mon violon. Je l'aime tant! Mes finances ne sont pas dans un très-bel état. J'ai été obligé de me rééquiper des pieds à la tête pour aller à la parade. Mais comme je me pique d'être un enfant d'Apollon, si je suis gueux, c'est dans l'ordre.

J'ai vu Lejeune [1] au spectacle. Il m'a cherché dans tout Paris lorsqu'il faisait son tableau de la bataille de Marengo. Il dit qu'il ne se console pas de ne pas avoir eu *ma tête sous la main,* pour la placer dans cette composition. Je t'enverrai bientôt ton châle par une personne très-sûre que je ne connais pas, mais qui part bientôt pour le Berry [2].

. . . .

J'ai fait connaissance avec plusieurs grandes dames : madame d'Esquelbec, qui a *daigné* me trouver *fort bien,* à ce qu'on m'a dit ; madame de Flahaut, qui vient de faire paraître un roman que j'ai la grossièreté de n'avoir pas lu, et madame d'Andlow. — René est toujours le meilleur des amis, mais il a un grand défaut, c'est de boire de l'eau comme un canard ; heureusement que cela n'est pas contagieux.

. . . .

---

[1] Le général Lejeune, peintre d'histoire ; j'ai de lui un joli portrait de mon père, au crayon, extrêmement ressemblant.
[2] Cette personne *très-sûre* perdit ou vola le châle, il est vrai que mon père *ne la connaissait pas.*

Du 3 pluviôse.

. . . .

J'ai été voir ma maison. Elle est occupée par vingt carabins, et M. Laurent se lamente de n'avoir que trente paires de draps. Il est vrai que ce n'est pas trop pour tenir ces gaillards-là propres. Mais je lui ai remontré qu'ils n'y tenaient pas, et que c'était par conséquent une dépense inutile. Nous verrons cela quand les artistes du Louvre seront logés, comme on l'assure, à la Sorbonne. Cela amènera des *dames* dans le quartier.

. . . .

Oui, certainement, je travaille toujours, mais quand mon père disait qu'il avait appris la composition en vingt leçons, je crois qu'il se moquait de nous. Rien n'est plus abstrait et plus difficile. Dans ce moment je sauve les dissonances pour passer aux modulations. Si tu savais comme je travaille! Car le temps presse, et au printemps, il faudra quitter tout cela! Je n'ai en tête que *fausses quintes, petites sixtes, tritons et septièmes diminuées.* J'en rêve la nuit.

Je te jure *par tout ce qu'il y a de plus sacré* que V*** travaille et ne me coûte rien. Je ne comprends pas que tu t'inquiètes tant. Jamais je n'entretiendrai une femme, tant que je serai un pauvre diable, puisque je serais forcé de l'entretenir à tes frais. En outre, tu ne la connais pas, et tu la juges sur le dire de Deschartres, qui la connaît encore moins. Ne parlons pas d'elle, je t'en prie, ma bonne mère, nous ne nous entendrions pas; sois sûre seulement que j'aimerais mieux me brûler la cervelle que de mériter de toi un reproche, et que te faire de la peine est le plus mortel chagrin qui me puisse arriver.

. . . .

J'ai monté ce matin M. *le Daim,* un cheval de cent louis que le général a acheté. Il est délicieux, mais il a le diable au corps, et il marche tout le long du boulevard sur les pieds de derrière comme un chien savant. Je n'ai pourtant pas fait comme les élégants du jour, qui ont la rage de faire de l'équitation au bois de Boulogne, et qu'on voit tomber comme des mouches.

. . . .

Du 4 pluviôse.

..... Que tu es bonne de vouloir absolument payer le maître et la location du piano! Allons, je te rembourserai à Nohant en belle et bonne harmonie. J'espère le mois prochain être en état d'écrire correctement[1]. Le général Dupont va revenir des Ardennes, il m'a envoyé du chevreuil et du sanglier, me chargeant d'en faire passer une partie au général Moreau. . . . .

..... Je vais demain avec mes neveux et leurs femmes à un bal énorme chez lady Higinson. . .

Paris, du 11 pluviôse (février 1802).

. . . .

Mon Dieu, que me dis-tu là? qui aimerai-je sur la terre si ce n'est toi? Tu trouves mes lettres moins aimables que par le passé. Je n'en sais rien, je ne trouve rien de changé dans mon cœur, si ce n'est que je suis moins heureux depuis que je t'afflige. C'est ton séjour à la campagne qui te donne des idées noires. Je suis content de songer que tu viendras passer l'hiver prochain à Paris, et que je chasserai tout cela. . . . .

. . . .

[1] M. de Vitrolles m'a dit qu'il était arrivé quelque chose de singulier de cette instruction musicale, acquise trop tard peut-être. Avant de rien savoir, mon père avait l'âme pleine de mélodies charmantes, et les idées musicales le débordaient. Du moment qu'il eut acquis la science nécessaire pour les exprimer, son imagination se refroidit, et son génie naturel l'abandonna sans qu'il s'en aperçût.

J'ai été faire *florès* chez madame d'Es... Croyant me faire un grand compliment, ces dames du beau monde m'ont trouvé l'air *anglais*. La belle idée ! Paris est plein d'Anglais à mines sérieuses, et on est convenu de trouver cela du meilleur goût. Apparemment que j'ai eu la figure d'un homme qui s'ennuie, et qu'on a pris cela pour un air profond. Il est vrai qu'en revanche nos petits agréables font les jolis et les évaporés, n'ayant pas trouvé de meilleure manière de prouver leur nationalité. Si c'est parce que je ne me suis pas empressé de prendre les manières de ce beau monde qu'on me trouve le sérieux d'un Anglais, à la bonne heure.

Pour te donner une idée du jugement de ce monde-là, tu sauras que les deux héros, les deux modèles, les deux idoles de *ces dames*, sont C... et J... de X... Le père, qui est parfaitement absurde, a dit partout que C... ressemblait à l'Apollon du Belvédère, et J... à l'Antinoüs. Quelques bégueules l'ont répété, et, en conséquence, C..., qui se croit Apollon, est roide comme une statue et porte la tête au vent. J... penche la tête de côté comme l'Antinoüs. Ceci te semblera une plaisanterie ; c'est l'exacte vérité. Je tiens le fait de Laure, qui connaît tous les petits secrets de la famille et qui, loin d'être méchante, est la bonté et l'indulgence personnifiées. Je n'en finirais pas si je voulais te raconter tous les ridicules de cette belle jeunesse. Les Anglais les sentent bien, et j'enrage de les voir rire sous cape, sans pouvoir trouver qu'ils ont tort de mépriser dans leur âme de pareils échantillons de notre nation. Il y en a d'autres qui essayent gauchement de les singer, et qui n'ont à cœur que de déprécier leur patrie devant les étrangers; c'est quelque chose de révoltant, et les étrangers en haussent les épaules tout les premiers. Tous ces jeunes lords, qui sont militaires chez eux, me questionnent avec avidité sur notre armée, et je leur réponds avec feu par le récit de nos immortels exploits, qu'ils ne peuvent s'empêcher d'admirer aussi. Je leur recommande surtout de ne pas juger de l'esprit public par ce qu'ils entendent dire aux gens du monde. Je leur soutiens que l'esprit national est aussi fort chez nous que chez eux. Ils en douteraient s'ils pouvaient oublier nos triomphes. Mais tu comprends que je sors de ce monde-là toujours plus triste et plus désabusé.

Bonsoir, ma bonne mère, je t'aime plus que ma vie. Je rosse le municipal, et j'envoie à ma bonne son dé *à coudre et à ouvrer.*

---

24 pluviôse.

. . . .

Tout est terminé avec mes neveux. Outre la maison, me voilà possesseur d'une somme de quarante mille francs. Diable! jamais je ne me serais cru si riche. Tu vas prendre là-dessus tout de suite dix mille francs pour payer toutes tes dettes, Pernon, Deschartres et ma bonne[1]. Je ne veux pas qu'ils attendent, je veux que tu te débarrasses de tous ces petits chagrins-là. Tu as fait plus pour moi que je ne pourrai jamais te rendre. Ainsi, ma bonne mère, pas de *chicane* là-dessus, ou je te fais un procès pour te forcer à recevoir mon argent. Avec le revenu de la maison et mon traitement, me voilà à la tête de sept mille huit cent quarante livres de rente. Ma foi, c'est bien joli, et il n'y a pas de quoi se désespérer. Avec le revenu de Nohant, nous voilà réunissant seize mille livres[2] de rente à nous deux, dont nous pouvons jouir l'année prochaine, et sans dettes! c'est superbe, et je suis bien heureux de te voir à l'abri de toute inquiétude. Paye, paye tout ce que tu dois, et quand il ne me resterait que la moitié de ces quarante mille livres, je t'assure que ce serait bien assez.

. . . .

Madame de Béranger t'a mandé la mort du duc de Bouillon. Beaumont en est fort affecté; car, malgré leurs discussions, ils s'aimaient véritablement comme deux frères.

[1] Les honoraires du précepteur et les gages de la bonne étaient arriérés depuis 1792.
[2] Il se trompait beaucoup sur le revenu de Nohant.

. . . .

J'ai arrangé pour mon coup d'essai ma contredanse à grand orchestre ; je l'ai fredonnée à Julien, qui me l'a demandée et qui l'a jouée avec grand succès au bal de madame de la Briche. Il me prie de la lui laisser graver avec les siennes, et je ne demande pas mieux ; madame de Béranger veut que je l'intitule l'*Élisa*, qui est le nom de sa bru. Ce bal de madame de la Briche était magnifique. On m'y a trouvé cette fois l'air *noble,* mais un peu *ours.* C'est littéralement le jugement de *ces dames.* . .

. . . .

Paris, 7 ventôse.

. . . . Ne pense donc plus à ce mariage : madame de la Marlière a dû t'écrire que la demoiselle avait été promise à un autre qui lui convenait probablement mieux que moi. J'ai manqué le coche de quinze jours, à ce qu'il paraît, et le fait est que je ne sais pas si je lui aurais agréé, car nous ne nous sommes pas vus. Je m'en moque : ce qui me fait véritablement un grand chagrin, c'est la perte d'un de mes amis, Gustave de Knoring, aide de camp d'Oudinot, dont je t'ai parlé quelquefois, et avec lequel je fumais dans ces grandes pipes turques. Dans un grand dîner que donnait l'ambassadeur de Danemark, le baron d'Armfeld, à toutes les grandeurs, mon pauvre Knoring a pris querelle avec un officier hanovrien. Ils se sont battus au pistolet le lendemain. Ils ont tiré six coups à trente pas. Knoring a voulu se rapprocher à dix. C'était à son adversaire de tirer, et il a reçu la balle dans la poitrine. S'il eût pris l'un de nous pour témoin, ce malheur ne fût pas arrivé. Jamais on n'a souffert qu'on tirât sept coups de pistolet. On fait changer d'armes. Mais il avait pris le prince d'Hohenzollern pour témoin, et les princes ne font que des sottises. Nous avons enterré notre pauvre camarade avec tous les honneurs militaires. La marche était ouverte par un escadron de dragons, et le cercueil entouré d'un bataillon de grenadiers. Nous l'avons suivi jusqu'à la Madeleine, où il a été enterré. Le silence n'était interrompu que par les gémissements de la trompette et les sombres roulements du tambour. Trois décharges sur sa tombe ont terminé la cérémonie. Ce jeune homme est regretté de tous ceux qui l'ont connu. Nous avions fait ensemble toute la dernière campagne.

Le général Dupont est enfin revenu. Morin, Decouchy et moi, nous avons pris le parti de le tourmenter pour le faire aller à la cour. S'il oublie de s'y montrer, on oubliera de lui donner de l'emploi, et cette inaction ne fait pas trop nos affaires.....

Mande-moi donc combien je donne à mon domestique, je l'ai oublié. Je tire les oreilles à Deschartres.

Du 24 ventôse (mars).

. . . .
Mon général est très-bien, pour le coup, avec Buonaparte. Celui-ci l'a envoyé chercher, et, après quelques reproches obligeants sur son éloignement, il lui a donné le commandement de la deuxième division militaire, forte de vingt-cinq mille hommes. Elle occupe les Ardennes et le pays de Luxembourg. Ainsi nous voilà en pleine activité. Buonaparte a ajouté qu'aussitôt que Dupont verrait quelque emploi plus avantageux, il lui en fît la demande.
. . . .
L'arrivée de ma jument m'a fait grand plaisir. Le bois de Boulogne est charmant; il est nouvellement percé, et il y a tous les jours une telle quantité de calèches et de voitures de toute espèce, que la garde est obligée d'y faire la police comme à Longchamp. C'est inconcevable de voir cela, quand nous sommes à peine sortis d'une révolution où toute richesse semblait anéantie. Eh bien, il y a cent fois plus de luxe que sous l'ancien régime. Quand je me rappelle la solitude du bois de Bou-

logne en 94, lors de mon exil à Passy, je crois rêver de m'y trouver aujourd'hui comme porté par la foule. C'est une foule d'Anglais, d'ambassadeurs étrangers, de Russes, etc., étalant une magnificence que le monde de Paris veut éclipser à son tour. Longchamp sera splendide.

..... La princesse se marie avec M. de la Trémouille, qui s'est fait coffrer ces jours-ci pour être venu publier ses bans à Paris, tandis qu'il était en surveillance ailleurs. La princesse éplorée a été trouver Fouché; elle brave les geôliers et les guichets.

..... Ne me dis donc pas, ma bonne mère, que je n'aime plus tes longues lettres. Je me suis fort bien aperçu que depuis quinze jours elles étaient plus courtes, et je sentais bien que quelque chose manquait à ma vie. . . . .
. . . .

Du 5 germinal.

Notre deuxième division comprend les départements de Marne, Meuse et Ardennes. Nous avons douze places fortes, huit régiments de cavalerie et trois demi-brigades. Nous partons dans une quinzaine. Envoie-moi par Frédéric le petit cheval bai qui casse les jambes à tout le monde. Nous en viendrons bien à bout, nous autres, et il nous respectera un peu plus que Saint-Jean. Voilà Beaumont qui veut aussi se mêler de me marier, et qui met en campagne toutes les têtes à perruque de sa connaissance. Il est absorbé dans cette entreprise comme l'était Buonaparte devant le fort de Bard. Moi, je ne trouve pas trop de ma dignité d'avoir l'air pressé, et je ne le suis pas, je l'avoue. . .

On tire en ce moment le canon pour la signature de la paix. Les mères et les femmes se réjouissent; nous autres, nous faisons un peu la grimace.

. . . .

Paris, le 23 germinal (avril).

Paris commence à m'ennuyer passablement. C'est toujours la même chose : des grands airs, de grandes vanités et des ambitions mal dissimulées, qui ne demandent qu'à être caressées pour se montrer. Le grand patron ne s'en fera pas faute, je crois, quand il l'osera. Le concordat ne fait pas ici le moindre effet. Le peuple y est indifférent. Les gens riches, même ceux qui se piquent de religion, ont grand'-peur qu'on n'augmente les impôts pour payer les évêques. Les militaires, qui ne peuvent pas obtenir un sou dans les bureaux de la guerre, jurent de voir le palais épiscopal de Paris meublé aux frais du gouvernement. — Tu as sûrement lu la bulle du pape écrite dans le style de l'Apocalypse, et qui menace les contrevenants de la colère de saint Pierre et de saint Paul. Quant à moi, sauf meilleur avis, je trouve que nous nous couvrons de ridicule. On va faire une très-belle cérémonie à Notre-Dame, dans laquelle, pour nous faire avaler la messe, on appellera le secours de la musique de Paësiello et tout l'appareil militaire.

On prépare un grand déjeuner à la porte Maillot..... Tous les *aimables* y seront. Ils payent un louis par tête pour avoir deux fenêtres entre trente. Il n'y aura que des gens *titrés*, les Biron, les Delaigle, les Périgord, les Noailles [1]. *Ce sera chaâmant.* Je n'irai *fichtre* pas!

. . . .

Paris, le 30 germinal an X.

. . . .

Les journaux t'ont sans doute fait un récit très-pompeux de la fête du concordat. J'étais du cortége

---

[1] Je crois pouvoir nommer ceux-ci. La plaisanterie est sans amertume.

à cheval avec le général Dupont, qui en avait reçu l'ordre ainsi que tous les généraux actuellement à Paris. Ils y ont donc tous figuré, à peu près comme des chiens qu'on fouette. Nous avons défilé dans Paris aux acclamations d'une multitude qui était plus charmée de l'appareil militaire que de la cérémonie en elle-même. Nous étions tous très-brillants, et, pour ma part, j'étais magnifique. *Paméla*[1] et moi, dorés de la tête aux pieds.

Le légat était en voiture, et la croix devant lui dans une autre voiture[2]. Nous n'avons mis pied à terre qu'à la porte de Notre-Dame, et tous ces beaux chevaux richement caparaçonnés, qui plaffaient et se querellaient autour de la cathédrale, offraient un coup d'œil singulier. Nous sommes entrés dans l'église aux sons de la musique militaire,

---

[1] Sa jument.

[2] « L'usage des légats *à latere* est de faire porter devant
» eux la croix d'or. C'est le signe du pouvoir extraordinaire
» que le saint-siége délègue aux représentants de cette espèce.
» Le cardinal Caprara voulant, conformément aux vues de
» sa cour, que l'exercice du culte fût aussi public, aussi
» extérieur que possible en France, demandait que, suivant
» l'usage, la croix d'or fût portée devant lui par un officier
» vêtu de rouge et à cheval. C'était là un spectacle qu'on
» craignait de donner au peuple parisien. On négocia, et il
» fut convenu que cette croix serait portée dans l'une des
» voitures qui devaient précéder celle du légat. » M. THIERS,
Histoire du consulat et de l'empire, tome III, livre XIV.

CHAPITRE QUATRIÈME.

qui a cessé tout d'un coup à l'approche du dais sous lequel les trois consuls se sont placés et ont été conduits en silence, et même assez gauchement, jusqu'à l'estrade qui leur était destinée. Le dais sous lequel a été reçu le consul avait l'air d'un baldaquin de lit d'auberge : quatre mauvais plumets et une méchante petite frange. Celui du cardinal était quatre fois plus riche, et la chaire splendidement drapée. On n'a pas entendu un mot du discours de M. de Boisgelin. J'étais à côté du général Dupont, derrière le premier consul. J'ai parfaitement joui de la beauté du coup d'œil et du *Te Deum*. Ceux qui étaient au milieu de l'église n'ont rien entendu. Au moment de l'élévation, les trois consuls ont mis genou en terre. Derrière eux étaient au moins quarante généraux, parmi lesquels Augereau, Masséna, Macdonald, Oudinot, Baraguay-d'Hilliers, Lecourbe, etc. Aucun n'a bougé de dessus sa chaise, ce qui formait un drôle de contraste. En sortant, chacun est remonté sur son cheval et s'en est allé de son côté, de sorte qu'il n'y avait plus que les régiments et la garde dans le cortége. Il était cinq heures et demie et l'on mourait d'ennui, de faim et d'impatience. Quant à moi, j'étais monté à cheval à neuf heures du matin sans déjeuner, avec la fièvre qui continue à me tourmenter. J'ai été dîner chez Scévole, et aujourd'hui je t'écris de chez mon général. J'ai vu Corvisart, médecin du premier consul,

Il me promet que dans deux ou trois jours je pourrai voyager et aller t'embrasser avant de partir pour notre quartier général. Je crois que l'impatience de te revoir m'empêche de guérir.

J'embrasse le municipal. Il eût fait bien de l'effet à la cérémonie avec son écharpe et ses adjoints [1].

. . . .

Paris, du 18 floréal (mai 1802).

Je pars mercredi, ma bonne mère, et j'arrive à Nohant vendredi, si tu m'envoies des chevaux à Châteauroux. Tu vois que l'on commence à voyager lestement, et que Nohant n'est plus au bout du monde. J'ai fait le diable pour me débarrasser de ma fièvre. J'ai envoyé promener le sieur Corvisart, qui venait me voir cinq minutes, pensait à ses affaires en me tâtant le pouls et prenait six francs pour chaque visite. J'ai consulté un empirique qui m'a traité à la Deschartres, avec l'émétique, une médecine noire le lendemain, et une tisane amère

---

[1] Ce récit de mon père ne peut être accusé de partialité. Il est conforme à l'histoire. Le peuple fut indifférent à cette restauration du culte catholique. L'armée y fut hostile. La bourgeoisie s'en moqua ainsi que la partie voltairienne de la noblesse.

comme du fiel le jour suivant. Il a pensé m'envoyer en l'autre monde, tant il a fait les choses en conscience ; mais le fait est que je suis guéri et que j'aime mieux une bonne secousse que cette langueur qui n'en finissait pas. Je te porte deux robes au lieu d'une que tu me demandais. Ce n'est pas de trop, et je ne veux pas que tu portes des guenilles pendant que l'on me force à être chamarré d'or. Ces robes sont de mon goût, et elles ont eu l'approbation d'Apolline et de Laure, qui s'y connaissent et qui se mettent à ravir. J'ai reçu une belle lettre de Deschartres. Dis-lui que par son style de pédant, ses raisonnements d'apothicaire et sa morale d'eunuque, il est digne de traiter M. de Pourceaugnac au moral et au physique.

Après un mois de séjour auprès de sa mère, Maurice quitte Nohant, passe deux ou trois jours à Paris, et va rejoindre son général à Charleville, où bientôt Victoire devait aller s'établir, en dépit des sermons de Deschartres, qui ne faisaient pas fortune, comme l'on voit, auprès de son élève. Ce pauvre pédagogue ne se décourageait pourtant pas. Il persistait à regarder Victoire comme une intrigante, et Maurice comme un jeune homme trop facile à tromper. Il ne s'apercevait pas que l'effet de ce jugement erroné serait de rendre chaque jour mon père plus clairvoyant sur le désintéressement de son amie, et que plus on l'accuserait injustement, plus il lui rendrait justice et s'attacherait à elle. Deschartres, en cette circonstance, prit prétexte de ses affaires et accompagna Maurice à Paris, craignant peut-être qu'il n'y séjournât au lieu d'aller à son poste. En même temps ma grand'mère exprimait à son fils le désir de le voir marié, et cette inquiétude que lui causait la liberté du jeune homme habituait le jeune homme à l'idée d'engager sa chère liberté. Ainsi tout ce qu'on faisait pour le détacher de la femme aimée ne servait qu'à hâter le cours de la destinée.

Pendant ce court séjour à Paris avec son élève, Deschartres crut ne pas devoir le quitter d'un instant. C'était faire le précepteur un peu tard, avec un jeune militaire émancipé par de glorieuses et rudes campagnes. Mon père était bon, on le voit du reste par ses lettres, et, au fond, il aimait tendrement son pédagogue. Il ne savait pas le brusquer sérieusement, et il était assez enfant encore pour trouver un certain plaisir à tromper, comme un véritable écolier, la surveillance burlesque du bourru. Un matin il s'esquive de leur commun logement, et va rejoindre Victoire dans le jardin du Palais-Royal, où ils s'étaient donné rendez-vous pour déjeuner ensemble chez un restaurateur. A peine se sont-ils retrouvés, à peine Victoire a-t-elle pris le bras de mon père, que Deschartres, jouant le rôle de Méduse, se présente au-devant d'eux. Maurice paye d'audace, fait bonne mine à son argus et lui propose de venir déjeuner en tiers. Deschartres accepte. Il n'était pas épicurien, pourtant il aimait les vins fins, et on ne les lui épargna point. Victoire prit le parti de le railler avec esprit et douceur, et il parut s'humaniser un peu au dessert : mais quand il s'agit de se séparer, mon père voulant reconduire son amie chez elle, Deschartres retomba dans ses idées noires et reprit tristement le chemin de son hôtel garni.

Le séjour de Charleville parut fort maussade à mon père jusqu'au moment où son amie vint s'y établir chez d'honnêtes bourgeois, où elle payait une modique pension. Elle passait auprès d'eux pour être mariée secrètement avec mon père, mais elle ne l'était pas encore. Dès ce moment ils ne se quittèrent presque plus et se regardèrent comme liés l'un à l'autre. Ce lien irrécusable fut la naissance de plusieurs enfants, dont un seul vécut quelques années et mourut, je crois, deux ans après ma naissance.

Ma bonne grand'mère ignorait tout cela, comme elle ignora même le mariage après qu'il fut conclu. De temps en temps Deschartres, toujours aux aguets, de loin comme de près, faisait une découverte inquiétante et ne la lui épargnait pas. Il en résultait avec Maurice des explications qui la rassuraient pour un instant, mais qui ne changeaient rien à la situation de chacun.

Voici encore des fragments de lettres. Si je ne voulais transcrire qu'une correspondance toujours spirituelle et enjouée, je ne passerais rien ; mais comme mon but est de montrer le fond sérieux d'une existence humaine et le contre-coup de la vie générale sur les émotions d'un individu, j'abrégerai beaucoup.

Charleville, le 1er messidor (juin).

. . . .
Nous faisons un étalage du diable avec nos grands plumets, nos dorures et nos beaux coursiers. Il est parlé de nous jusqu'à Soissons et jusqu'à Laon (patrie de Jean-François Deschartres) ! Mais tant de gloire nous touche peu, et nous aimerions mieux être moins propres que d'user notre ardeur à faire la parade. En outre, on est curieux et bavard ici comme à la Châtre. Le général a voulu déjà tenter quelque aventure, mais il n'eut pas parlé deux fois à la même femme qu'il s'éleva une clameur immense

CHAPITRE QUATRIÈME.

dans les trois villes de Sedan, Mézières et Charleville. . . . .

Il est toujours le même, excellent homme, brave et capable, mais irrésolu, *tatillon* et dépensant son activité à ne rien faire. Le fait est que nous n'avons rien à faire du tout. Decouchy fait les fonctions de chef d'état-major et a l'air de griffonner toujours quelque chose. Morin fait des enveloppes, les défait, les recommence. Le général fait atteler ses chevaux et les laisse trois heures à sa porte avant de savoir s'il sortira ou restera. Voilà notre existence de tous les jours. . . . .

. . . J'embrasse ma bonne, qui ne peut plus me demander à tout instant ce que j'ai fait de ma canne.

. . . .

Toute ma consolation est de penser que cette vie tranquille me permettra d'aller te voir plus souvent. . . . .

Le 11 messidor, à Bellevue près Sedan.

. . . . . Nous sommes toujours opiniâtrément juchés sur nos hauteurs de Givonne, à la porte de Sedan. Le général, qui aime la campagne et la chasse, se trouve ici plus à même de satisfaire ses goûts, et nous nous morfondons à courir les bois et les champs avec lui par un temps détestable. Je me suis nanti d'un piano qui ferait ma consolation si je pouvais en profiter, mais à peine y suis-je assis qu'il faut aller courir.

. . . .

Charleville, le 16 messidor (juillet).

Nous sommes revenus ici depuis quatre jours pour nous lancer des plaisirs champêtres dans le tourbillon du monde. Ce tourbillon est composé d'oisons bridés des deux sexes qui s'acharnent autour d'une table de bouillotte à se gagner les uns aux autres un petit écu en quatre heures de temps. J'y bâille à me décrocher la mâchoire. Je ne sais qui m'avait fait ici la réputation d'un jeune homme charmant. Il a fallu en rabattre, on me regarde comme un ours. Je m'ennuyais moins à Bellevue; j'y avais mon piano et mon violon, et avec cela on vivrait au fond d'une cave. Nous y avons formé une espèce de ménagerie que j'ai hâte de rejoindre pour me dédommager de la société d'ici : nous avons une chouette charmante qui vient se poser sur le poing comme un faucon, un *grand duc* pris dans les rochers des Ardennes et qui a sept pieds d'envergure; c'est un animal effroyable et méchant comme le diable. En fait de quadrupèdes, nous avons un renard, un marcassin, un chevreuil qui nous suit comme un chien, et un jeune loup qui m'appartient en propre. Je me charge de son éducation, et il paraît très-disposé à n'en pas profiter, car il se sauve à toutes jambes quand je l'appelle. D'ailleurs il est charmant, féroce, sournois et se battant toute la journée avec le renard, qui est son ennemi personnel. Voilà, j'espère, des plaisirs de prince, et qui ne t'inquièteront pas, ma bonne mère. Une vénerie, une fauconnerie et des combats d'animaux !

. . . .

. . . Tu m'as bien diverti avec la citation de l'archevêque de ***. On devait bien s'attendre à voir ces bons princes de l'Église relever la tête le lendemain du jour où l'État fait pour eux de grands sacrifices ; il est dans l'ordre qu'ils nous en remercient par des menaces et des anathèmes. Tu as raison, et le général, à qui j'ai lu ce passage de ta lettre, en a été très-frappé. On reproche aux tribunes révolutionnaires un langage barbare, des idées sanguinaires, des châtiments et des menaces continuels ; et voilà les prétendus apôtres de la religion de paix et de miséricorde qui nous injurient et nous menacent de la colère céleste. S'ils pouvaient nous condamner à quelque chose de pis que les flammes éternelles, ils le feraient. La guillotine n'est qu'un jeu d'enfant, un instant d'effroi et de souffrance :

malheureusement leur imagination ne peut pas créer pour nous pis que l'enfer. Ne t'étonne donc pas de mon amitié pour les bêtes féroces. Elles sont la douceur et l'innocence même en comparaison des humains.

Charleville, 27 messidor.

. . . . A défaut de dangers réels, il est permis d'en chercher d'imaginaires, c'est ce qui m'a engagé à me faire recevoir franc-maçon. La cérémonie a eu lieu hier, et, pour te donner une idée de toutes les mauvaises plaisanteries et mystifications dont j'ai été l'objet, il me suffira de te dire que j'avais mis ces messieurs à pis faire, les défiant formellement de m'intimider. On a employé à cet effet tous les moyens connus. On m'a enfermé dans tous les trous possibles, nez à nez avec des squelettes; on m'a fait grimper dans un clocher au bas duquel on a fait mine de me précipiter; et ce que j'ai admiré dans tout cela, c'est l'apparence de réalité qu'ils savent donner à toutes ces illusions. C'est, ma foi, merveilleux, et fort amusant. On m'a fait descendre dans des puits, et après douze heures passées à subir toutes ces gentillesses, on m'a cherché une mauvaise querelle sur ma bonne humeur et mon ton goguenard, et on a décidé que je devais subir le dernier supplice. En conséquence, on m'a cloué dans une bière, porté au milieu des chants funèbres dans une église pendant la nuit, et, à la clarté des flambeaux, descendu dans un caveau, mis dans une fosse et recouvert de terre, au son des cloches et du *De profundis*. Après quoi chacun s'est retiré.

Au bout de quelques instants, j'ai senti une main qui venait me tirer mes souliers, et tout en l'invitant à respecter les morts je lui ai détaché le plus beau coup de pied qui se puisse donner. Le voleur de souliers a été rendre compte de mon état et constater que j'étais encore en vie. Alors on est venu me chercher pour m'admettre aux grands secrets. Comme avant l'enterrement on m'avait permis de faire mon testament, j'avais légué le caveau dans lequel j'avais été enfermé au colonel de la 14e, afin qu'il en fît une salle de police; la corde avec laquelle on m'y avait descendu, au colonel du 4e de cavalerie, pour qu'il s'en servît pour se pendre, et les os dont j'étais entouré, à ronger à un certain frère terrible qui m'avait trimbalé toute la journée dans les caves et greniers, prétendant m'avoir sauvé d'un grand danger. Cette preuve de ma reconnaissance a diverti ces messieurs, que j'ai entendus rire malgré la gravité de leur rôle. Mais ce qui m'a le plus diverti, lorsque tout a été terminé, c'est la colère de Morin contre un particulier qui était fort étonné de la manière dont j'avais supporté les épreuves. Morin était tellement piqué qu'on parût surpris de la fermeté de son camarade, qu'il voulait faire tirer l'épée à tout le monde.

. . . .

Charleville, du 1er thermidor (juillet).

. . . .

Voilà une singulière fantaisie de mon général. Il ne savait que vaguement que j'étais le petit-fils du maréchal de Saxe, et il s'est mis à m'interroger là-dessus en détail. Quand il a appris que tu avais été reconnue par acte du parlement et que le roi de Pologne était mon aïeul, tu n'as pas d'idée de l'effet que cela a produit sur lui. Il m'en parle vingt fois le jour, il m'accable de questions. Malheureusement je ne me suis jamais occupé de tout cela, et il m'est impossible de lui tracer mon arbre généalogique. Je ne me souviens pas du nom de ta mère, et je ne sais pas du tout si nous sommes parents des Levenhaupt. Il faut que tu cèdes à sa fantaisie et que tu me renseignes sur tout cela. Il veut m'envoyer en Allemagne avec des lettres de recommandation du ministre de l'intérieur et des généraux Moreau et Macdonald, afin de me faire reconnaître comme le seul rejeton existant du grand homme. Je me garderai bien de donner dans de pareilles extravagances, mais je ne veux pas brusquer trop cette manie de Dupont, parce qu'il prétend qu'avec mon nom je dois être fait capitaine, et qu'il se fait fort de m'obtenir ce grade incessamment ; je crois l'avoir mérité par moi-même, et je le laisserai agir. Te souviens-tu du temps où je ne voulais pas être protégé? C'était avant d'être militaire, j'avais de belles illusions sur la vie, et je m'imaginais qu'il suffisait d'être brave et intelligent pour parvenir. La république m'avait mis ce fol espoir dans la tête; mais, à peine ai-je vu ce qui en est, que j'ai reconnu que le régime d'autrefois n'est guère changé, et Buonaparte en est, je crois, plus épris qu'il n'en a l'air.

La fortune rapide de certains hommes, de Caulaincourt entre autres, est certainement due à la faveur. Pour moi, je n'irai pas faire antichambre pour des passe-droits, mais si mes amis obtiennent pour moi ce qui m'est dû, je les laisserai faire.

. . . .

J'ai reçu une lettre de Deschartres. Elle est tout à fait aimable et *gentille*. C'est un petit cours de morale à l'usage des égoïstes et des sots. Comment se fait-il qu'un homme qui a tant de cœur et de dévouement pour régler ses propres actions ne sache me conseiller que des platitudes? C'est donc l'effet des préjugés? Dis-lui de ma part que cette vie de chanoine qu'il mène ne peut rien lui inspirer de ce qui convient à mon âge, à mon état, à mon caractère et à mes opinions. Tout cela ne m'empêchera pas de l'aimer, mais qu'il sache bien que sur certains points il n'aura jamais sur moi la moindre influence. Au reste, je compte lui répondre moi-même bientôt, et avec la franchise nécessaire entre amis. Qu'il te soigne, qu'il te tienne fidèle compagnie; qu'il surveille tes affaires, qu'il arrange ton jardin et te fasse manger de beaux fruits; qu'il administre sa commune merveilleusement, et je lui pardonnerai ses bourrasques. — Ne t'inquiète pas, ma bonne mère, mon général n'a aucun sujet d'être mécontent de moi. Non, je ne ferai pas de démarches directes pour obtenir le grade de capitaine. C'est pour moi un dégoût mortel que de solliciter; mais on agira pour moi, et je saurai toujours mériter l'intérêt et justifier le zèle de mes amis. Je *t'aime plus que ma vie*. Voilà ce que tu dois te dire, et n'en jamais douter.

. . . .

CHAPITRE QUATRIÈME.

A M. DESCHARTRES.

Charleville, le 8 thermidor an X.

Vous êtes bien aimable, mon ami, de vous donner tant de peines pour mes affaires. Croyez que je sens vivement le prix d'un ami tel que vous; vous mettez à tout ce qui me regarde un zèle que je ne puis trop reconnaître, mais laissez-moi vous dire, sans circonlocution, qu'à certains égards ce zèle va trop loin; non que je veuille vous dénier le droit de vous occuper de ma conduite, comme vous vous occupez de mes affaires et de ma santé. Ce droit est celui de l'affection, et je saurai le subir quand même il me blessera; je crois vous l'avoir prouvé déjà en des circonstances délicates; mais l'ardeur de ce zèle vous fait voir en noir et prendre au tragique des choses qui ne le sont pas. C'est donc voir faux, et l'amitié que je vous porte ne m'oblige pas à me tromper avec vous.

Quand, par exemple, vous me pronostiquez qu'à *trente ans* j'aurai les *infirmités de la vieillesse*, et que par là je deviendrai *inhabile aux grandes choses*, et tout cela parce qu'à vingt-quatre ans j'ai une maîtresse, vous ne m'effrayez pas beaucoup. En outre, vous jouez de malheur dans votre raisonnement quand vous me proposez l'exemple de mon grand-père le maréchal, qui fut précisément d'une *galanterie* dont je n'approche pas, et qui n'en gagna pas moins la bataille de Fontenoy à quarante-cinq ans. Votre *Annibal* était un sot de s'endormir à Capoue avec son armée ; mais nous autres Français, nous ne sommes jamais plus robustes et plus braves que quand nous sortons des bras d'une jolie femme. Quant à moi, je crois être beaucoup plus sage et plus chaste en me livrant à l'amour d'une seule qu'en changeant tous les jours de caprice, ou en allant voir les filles, pour lesquelles je vous avoue que je ne me sens pas de goût.

Il est vrai que pour être conséquent avec vous-même, il vous plaît de traiter de *fille* la personne à laquelle je suis attaché. On voit bien que vous ne savez pas plus ce que c'est qu'une *fille* que vous ne savez probablement ce que c'est qu'une *femme*. Moi, je vais vous l'apprendre ; car j'ai un peu connu déjà la vie de hussard, et c'est parce que je l'ai connue que j'ai eu hâte d'en sortir. Nous avons rompu assez de lances sur ce sujet pour qu'il me semblât inutile d'y revenir. Mais, puisque vous persistez à l'accuser, je persisterai à défendre celle que j'aime.

Une fille, puisqu'il faut encore vous l'expliquer, est un être qui spécule et vend son amour. Il y en a beaucoup dans le grand monde, bien qu'elles aient de grands noms et des maisons très-fréquentées ; je ne vivrais pas huit jours avec elles. Mais une femme qui s'attache à vous en vous rencontrant dans le malheur, qui vous a résisté lorsque vous étiez dans une situation brillante en apparence, et qui vous cède en vous voyant couvert de haillons et mourant de faim (c'est ainsi que j'étais en sortant des mains des Croates), une femme qui vous garde la plus stricte fidélité depuis le jour où elle vous a aimé, et qui, lorsque vous voulez lui assurer quelques ressources, au moment où vous venez de recueillir un petit héritage, vous jette au nez et foule aux pieds avec colère vos billets de cent louis, puis les ramasse et les brûle en pleurant; non, cent fois non, une telle femme n'est pas une fille, et on peut l'aimer fidèlement, sérieusement, et la défendre envers et contre tous. Quel que soit le passé d'une telle femme, il n'y a qu'un lâche qui puisse le lui reprocher quand il a profité de son amour, quand il a reçu d'elle des services ; et vous savez très-bien que sans V*** j'aurais eu beaucoup de peine à revenir en France. Les circonstances décident de nous, et souvent malgré nous, dans la première jeunesse, lorsque nous sommes sans ressources et sans appui. Les femmes, plus faibles que nous, et provoquées par nous, qui nous faisons une gloire d'égarer leur faiblesse, peuvent se perdre aisément. Mais entourez les premières saintes du paradis de tous les genres de séduction, mettez-les aux prises avec le malheur et l'abandon, et vous verrez si toutes s'en tireront aussi bien que certaines femmes dont vos arrêts croient faire une justice salutaire.

Vous vous trompez donc, mon ami, et voilà tout ce que j'ai à dire pour résister à des conseils que vous croyez bons, et que je regarde comme mauvais. Quant à ma mère, je vous prie de ne point me recommander de la chérir. Je n'ai besoin pour cela des encouragements de personne. Jamais je n'oublierai ce que je lui dois; mon amour et ma vénération pour elle sont à l'abri de tout.

Adieu, mon cher Deschartres, je vous embrasse de tout mon cœur. Vous savez mieux que personne combien il vous est attaché.

MAURICE DUPIN.

DE MAURICE A SA MÈRE.

Eh bien oui, ma bonne mère, je te l'avoue, je suis, non pas triste, comme tu le crois, mais assez mécontent de la tournure que prennent mes affaires. Voilà de grands changements dans les affaires publiques, et qui ne nous promettent rien de bon[1].

---

[1] Le consulat à vie.

Certainement cela lève toutes les difficultés qui auraient pu surgir à la mort du premier consul, mais c'est un retour complet à l'ancien régime, et en raison de la stabilité des premières fonctions de l'État, il n'y aura plus guère moyen de sortir des plus humbles. Il faudra se tenir là où le hasard vous aura jeté, et ce sera comme autrefois, où un brave soldat restait soldat toute sa vie, tandis qu'un freluquet était officier selon le bon plaisir du maître. Tu verras que tu ne te réjouiras pas bien longtemps de cette espèce de restauration monarchique, et que, pour moi du moins, tu regretteras les hasards de la guerre et la grande émulation républicaine. Le poste que j'occupe n'est pas désagréable en soi-même, et en temps de guerre il est brillant, parce qu'il nous expose et nous fait agir. Mais en temps de paix il est assez sot, et, entre nous soit dit, peu honorable. Nous ne sommes après tout que des laquais renforcés. Nous dépendons de tous les caprices d'un général. Si nous voulons sortir, il faut rester; si nous voulons rester, il faut sortir. A la guerre, c'est charmant, ce n'est pas au général que nous obéissons. Il représente le drapeau de la patrie. C'est pour le salut de la chose publique qu'il dispose de nos volontés, et quand il nous dit : Allez à droite, si vous n'y êtes pas tué, vous irez ensuite à gauche, et si vous n'êtes pas tué à la gauche, vous irez ensuite en avant, c'est fort bien : c'est pour le service, et nous sommes trop heureux de recevoir de pareils ordres. Mais en temps de paix, quand il nous dit : Montez à cheval pour m'accompagner à la chasse, ou venez faire des visites avec moi pour me servir d'escorte, ce n'est plus si drôle, c'est à son caprice personnel que nous obéissons; notre dignité en souffre, et la mienne est, je l'avoue, à une rude épreuve. Dupont est pourtant d'un excellent caractère, et peu de généraux sont aussi bienveillants et aussi expansifs; mais enfin il est général et nous sommes aides de camp, et s'il ne faisait de nous ses domestiques, nous ne lui servirions à rien, puisqu'il n'y a rien autre chose à faire. Decouchy, qui est chef d'état-major, prend patience, quoique avant-hier il ait eu une petite mortification assez dure. Le général était chez sa maîtresse et l'a fait attendre trois heures dans la cour. Il a failli le planter là et envoyer tout au diable. Morin est toujours très-insouciant et répond toujours : *Qu'importe?* à tout ce qu'on lui dit. Moi, je me dis en moi-même :

> Il importe si bien, que de tous vos repas
> Je ne veux en aucune sorte,
> Et ne voudrais pas même à ce prix un trésor.

Si bien que j'ai le plus grand désir d'aller rejoindre mon régiment, et je vais écrire pour cela à Lacuée, qui est le grand faiseur et le grand réformateur.

. . . .

En raison de ma *haute valeur et de ma belle conduite dans les épreuves*, j'ai été nommé *compagnon* ces jours-ci, et je serai *maître* incessamment.

. . . .

De Bellevue, le 6 fructidor.

. . . .

Nous menons une vie errante et vagabonde, poursuivant les sangliers et les biches à travers les bois et les rochers. La nuit nous surprend et nous fait chercher un abri dans le premier castel des environs qui nous tombe sous la main. A peine le jour reparaît-il que nous reprenons notre œuvre de destruction, ne nous arrêtant que pour manger notre viande rôtie au pied de quelque sapin, sur le bord des clairs ruisseaux où rafraîchissent nos flacons. Les rochers et les précipices ne nous permettent pas de chasser à cheval, et le général, qui se pique d'être un grand marcheur, tire la langue d'un demi-pied. Il s'amusait de nous au commencement, s'imaginant que nous aurions de la peine à le suivre, et je crois qu'il se repent un peu maintenant de nous avoir emmenés. Quant à moi particulièrement, j'ai retrouvé mes jambes de la Croatie, je laisse derrière moi les gardes les plus lestes, je dégringole les montagnes, j'escalade les ravins, je saute les buissons, je tâche de dépenser l'excédant de mes forces et de retrouver l'illusion de la guerre. Si bien que les chasseurs ardennais me comparent à un *brocart*, c'est-à-dire à un chevreuil de quatre ans, non pas pour la coiffure, mais pour l'agilité.

Ce jour est consacré au repos, et demain nous avons rendez-vous à Bouillon pour l'attaque d'un sanglier. Il n'y a rien de plus drôle que de voir le général maigri, noirci, méconnaissable, vouloir soutenir qu'il n'est pas fatigué, et vouloir encore faire semblant de passer les nuits à lire et à écrire. C'est la mode de singer le *grand homme*, mais cela ne sert de rien.

De Charleville, le 20 fructidor (septembre).

. . . .

Nous sommes de retour depuis hier seulement. Pour parcourir les déserts des Ardennes, nous avions formé une espèce de caravane composée de trois calèches, deux cabriolets, une diligence et un énorme fourgon rempli de vivres et de lits pour les dames; car nous en avions quatre. La partie eût été agréable sans la turbulente inquiétude du général, qui, après avoir chassé de quatre heures du matin à six heures du soir, voulait repartir dans la nuit, pour se trouver à huit ou dix lieues de là, à d'autres rendez-vous. De sorte qu'au lieu de s'amuser, on s'égarait la nuit dans les bois, et on culbutait dans les fossés. Quatre personnes qui étaient dans une calèche[1] ont versé et sont encore écloppées. Le général a fait aussi la cabriole avec son boguet, et ne veut pas avouer qu'il s'est fait beaucoup de mal. A la guerre tout cela serait magnifique, et ce qui est ridicule ici serait sublime sur un champ de bataille. Ce qu'il y a de fâcheux, c'est que, voulant toujours devancer tout le monde, arrivant deux jours avant les autres, et attaquant deux heures trop tôt, il fait manquer la chasse, et toutes les autres bandes de chasseurs nous donnent au diable. Nous nous échinons pour ne rien faire qui vaille. C'était peut-être bien un peu comme cela au Mincio. Nous étions tous aussi pressés et aussi fous que lui, mais ce passage ne nous a rien valu.

Tu regardes mon désir d'aller au régiment comme une fantaisie. Tu me reproches de vouloir trop de liberté. Non, ma bonne mère, je serais plus assujetti au régiment que partout ailleurs; mais je serais l'esclave de mon service, de mon devoir, et non celui du caprice d'un homme. Les états-majors sont en pleine défaveur. Dupont est sous la remise, et moi

---

[1] Ma mère était du nombre. Elle eut une côte cassée. Ceci explique l'humeur de mon père.

dans le cul-de-sac. L'orgueil du *grand état-major* est poussé au suprême degré, et tout ce qui voudra singer la puissance sera toujours éloigné. Chaque général, sous ce nouveau régime, est nécessairement regardé comme un rival s'il a du mérite, comme un ennemi s'il n'en a point. Ceux qui l'entourent sont présumés partager ses passions ou ses opinions. On ne peut pas voir de très-bon œil tous ces hommes qui étaient puissants avant qu'on fût quelque chose : on redoute leurs regards, leur critique, et on a peur même (je te dis cela parce que je le sais) des jeunes aides de camp railleurs qui ne se sont pas agenouillés à Notre-Dame pour saluer le retour des grands oripeaux.

Ce qu'il y a de plus fâcheux pour moi, c'est que je ne puis retourner à mon régiment sans un nouvel arrêté du consul. Celui qu'on vient de prendre détache les aides de camp de leurs corps, et ordonne qu'ils seront réformés si leur général vient à l'être. C'est donc une menace en masse, et c'est du Lacuée tout pur. On n'a pourtant pas de reproches à me faire d'être entré dans l'état-major; c'est le premier consul lui-même et Lacuée qui m'ont conseillé de le faire en me disant que c'était le poste le plus avantageux pour se distinguer. Mais à présent tout est changé ! . . . .

De Charleville, 1ᵉʳ jour complémentaire an X.

. . . . . Monseigneur l'évêque de Metz, dont le diocèse s'étend sur notre division, est venu tout à propos pour modérer notre train de chasse et nous faire prendre le pas de procession. Il a fallu suivre le dais en grande tenue jusqu'à la métropole, ouïr la grand'messe et le *Te Deum,* et de plus avaler un petit sermon pastoral du grand vicaire. Aujourd'hui nous donnons un grand dîner à monseigneur, dont, par parenthèse, j'ai fait la conquête par mon *air décent.* C'est un compliment jésuitique, parce qu'il s'est peut-être aperçu que j'étais un des moins charmés de cette capucinade.

Demain, avant que le soleil ait *rougi la cime des monts,* nous repartons pour la chasse. Ma foi, puisqu'il le fallait, le goût m'en est revenu tout de bon, comme lorsque j'étais à Nohant, *dans mon jeune temps.* Je suis maintenant un des plus adroits, et à coup sûr le plus infatigable. Nous reviendrons pour le 1ᵉʳ vendémiaire, que nous devons célébrer par une petite guerre dans la plaine, entre Mézières et Sedan. On est déjà convenu dans les deux partis du nombre de prisonniers qu'on devait se faire de part et d'autre; il n'y a encore rien de décidé sur celui des morts et des blessés.

. . . .

Durosnel m'a écrit pour m'expliquer dans le plus grand détail l'arrêté qui nous concerne. C'est le comble de l'ingratitude et de l'injustice. Nous ne tenons plus en aucune manière à nos régiments. Si nous avons à nous plaindre de nos généraux, tant pis pour nous; nous pouvons les quitter, mais nous cessons d'être militaires. On nous fait une condition de domestiques, pire encore puisque nous ne pouvons changer de maître. Tout au contraire, les adjoints d'état-major conservent toute leur liberté et tous leurs avantages. C'est fort inconséquent, et apparemment il y a là-dedans des créatures que l'on veut récompenser. Tout s'organise pour s'assurer d'une cour, et les courtisans n'y manqueront pas. La graine s'en est conservée.

. . . .

CHAPITRE CINQUIÈME

Résumé de l'an X. — Le concordat et M. Thiers. — Esprit religieux sous la république. — Scepticisme de Napoléon. — Le culte de l'Être suprême. — Le concordat et la restauration. — Vote sur le consulat à vie. — Mon père. — La religion de l'amour.

Je ne passerai pas outre dans l'histoire de mon père sans essayer de jeter un coup d'œil sur les deux principaux événements de l'an X, le concordat et le consulat à vie. La signature de la paix, qui occupa beaucoup plus l'opinion en France à cette époque, n'est aujourd'hui qu'un souvenir de second ordre, un événement passager qui n'eut point de stabilité, qu'on eut bientôt à considérer comme non avenu.

D'ailleurs il est évident que ces trois actes de la politique de Bonaparte, la paix, le concordat, le consulat à vie, sont les trois aspects d'une même pensée, d'une volonté toute personnelle. Les deux premiers sont la préparation du troisième. Au moyen de la paix il se concilie la bourgeoisie ; au moyen de la religion il se concilie l'ancienne noblesse et croit aussi se concilier le respect et la confiance des masses. Ainsi, cette chose salutaire, la paix, cette chose sacrée, la religion, ne sont que des moyens auxquels il a recours pour préparer l'envahissement de la puissance absolue. Bientôt il déchirera forcément les traités et reprendra les armes pour maintenir sa dictature; bientôt il fera comprendre à l'Église que s'il l'a redoutée un instant, il ne l'a jamais respectée, et qu'elle doit plier devant lui comme le reste.

Ni les corps législatifs ni l'armée ne voulaient de la religion sous forme d'institution politique. La bourgeoisie n'y tenait pas le moins du monde, et si elle avait eu le courage de son opinion, elle l'eût repoussée avec dédain, car c'était elle qui l'avait renversée, et tout ce qu'il y avait d'hommes intelligents dans ses rangs était adepte de Rousseau ou de Voltaire. Mais Bonaparte la réduisit au silence en lui promettant la paix avec l'Europe, c'est-à-dire le développement de l'industrie et la sécurité du commerce. La bourgeoisie fit ce qu'elle a toujours fait depuis, elle manqua de principes et fit taire ses croyances ou ses sympathies en présence de ses intérêts. L'armée fut railleuse et irritée plus ouvertement et plus longtemps. Mais le premier consul savait bien que les intérêts de l'armée ne pouvaient manquer de faire bientôt cause commune avec ceux de la bourgeoisie en cas de paix durable, et qu'en cas de guerre prochaine elle oublierait vite ses griefs et ne se préoccuperait guère des questions religieuses.

Ce concordat si vanté est une des plus fatales déviations de la glorieuse carrière de Napoléon. C'est lui qui a tout naturellement préparé le despotisme hypocrite de la restauration.

C'est un acte purement politique, car le premier consul ne croyait pas à la religion catholique, et refusait de consacrer religieusement son mariage avec Joséphine dans le même moment où il ouvrait les portes de la cathédrale de Paris au légat du pape.

Il n'y a pas de plus grande profanation d'une chose respectable que de l'imposer aux autres sans se l'imposer à soi-même. C'est en faire un jouet, c'est mépriser à la fois la croyance qu'on décrète et l'humanité à qui on la fait accepter. C'est cet éternel mensonge proclamé par les athées, qu'il faut aux femmes, aux enfants, au peuple, une religion dont on ne veut pas pour soi-même. Bonaparte se laissa persuader ou imposer ce mensonge.

Certes, il faut une religion non-seulement au peuple, aux enfants, aux femmes, aux simples de cœur et d'esprit, mais il en faut une à tous les hommes, aux chefs de nations, aux sociétés, aux républiques comme aux monarchies.

Il y a plus, il faut un culte public et des lois qui fassent respecter ce que la conscience des peuples proclame comme la plus haute expression de leur vie intellectuelle et morale.

Mais il faut que cette religion s'établisse par la foi et non par la contrainte, par le libre examen et non par la raison d'État. Aucun homme n'a le droit de l'imposer à son semblable avant qu'il l'ait comprise et acceptée librement. Aucun législateur n'a le droit de la rétablir quand la société l'a repoussée et brisée.

Toute religion qui n'admet pas la loi du progrès dans l'humanité, ou, si l'on veut, la révélation successive; toute loi prétendue divine qui établit qu'à un certain moment de la vie de l'humanité Dieu a dit aux hommes son dernier mot, doit fatalement être engloutie sous ses propres ruines, aussi bien que toute loi humaine qui s'impose aux hommes comme le dernier mot de leur propre sagesse.

Cette vérité a passé dans la pratique de la législation; la politique conservatrice, le gouvernement constitutionnel y ont puisé leur principe vital tout aussi bien que l'esprit révolutionnaire. Chaque année, chaque séance des corps qui légifèrent les sociétés constitutionnelles voient abroger, modifier, exhumer ou créer des lois selon les besoins ou les craintes du moment. Ce principe est désormais indestructible. L'application en serait excellente si les sociétés avaient une représentation véritable [1].

[1] 1847.

Les religions n'ayant pas suivi cette doctrine, et ayant, au contraire, proclamé le principe d'immobilité, qui entraîne celui d'intolérance, les nations logiques et sincères ont rejeté toute religion et se sont trouvées pour un instant plongées dans l'athéisme. Le scepticisme douloureux ou indifférent a succédé à cette protestation désespérée. La politique s'est avisée alors d'une distinction subtile, mais irrationnelle et illusoire, celle du pouvoir spirituel et du pouvoir temporel. La politique était forcée d'en venir là dans de certains moments pour ne pas laisser entraver sa marche par les foudres de l'Église et pour ne pas briser trop brusquement l'arche sainte du passé. On conçoit qu'à l'heure qu'il est il serait bien difficile au roi des Français et à ses ministres, encore plus difficile aux chambres, qui sont censées nous représenter, de discuter entre eux les articles de notre foi et de faire avec le chef de l'Église autre chose qu'une alliance politique et constitutionnelle.

Mais si jamais il y a eu dans notre histoire, depuis un siècle, un moment où il eût été possible de soulever avec fruit cette grande question et de la porter devant le jury véritable de l'opinion, c'est précisément à l'époque où Bonaparte négocia le concordat. La révolution avait tout brisé, la philosophie avait tout remis en question. L'anarchie, l'immoralité du directoire avaient déjà fait sentir à toute âme saine et honnête que si la répudiation d'un faux principe religieux est légitime, l'absence de toute religion est une situation monstrueuse et un état de maladie mortelle.

Et qu'on ne dise pas que les esprits étaient tombés dans une sorte de stupeur qui ne leur permettait pas de s'interroger et de se connaître. En eût-il été ainsi, c'eût été une raison de plus pour que le législateur leur donnât le temps de se revoir et de se consulter, au lieu de les frapper d'une stupeur nouvelle en leur remettant sous les yeux le spectre du passé. Mais cela n'est pas vrai. Il y a des mensonges historiques que chacun répète sans les avoir approfondis, et j'en demande pardon à M. Thiers : il nous trompe parce qu'il se trompe lui-même quand il affirme que la majorité des Français accepta le concordat avec joie et que Bonaparte eut en cette circonstance plus d'esprit, d'à-propos et d'habileté que tout le monde. En cela M. Thiers (je présume que ce rapprochement ne le fâchera point) voit et pense comme Bonaparte : il croit qu'une religion de l'État est un moyen indispensable de gouvernement; mais il ne croit point à cette religion, et il n'eût pu s'agenouiller de bonne foi le jour où, pour la première fois depuis dix ans, un prélat orthodoxe éleva ses mains sur la tête des gouvernants inclinés dans la cathédrale de Paris. Il suffit de dire *C'est un moyen*, pour prouver qu'on ne respecte point la religion, qui doit être un *but*.

Non, il n'est pas vrai que la majorité des Français fût indifférente à ce grand problème, avoir une religion ou n'en pas avoir : *Être* ou *ne pas être*, comme dit Hamlet, suspendu entre la vie et la mort dans une angoisse suprême. Il est bien certain qu'on salua avec indifférence le cortége romain reprenant possession de la France par décret du premier consul. On était comme ébloui par la surprise, comme paralysé par l'imprévu. On n'avait pas encore eu le temps de se demander si l'on combattrait en soi l'idée horrible du néant par un retour à la religion du passé, ou par la discussion de quelque grande hérésie, ou par la lumière que le temps et la réflexion apportent dans des situations aussi graves. On vit le fantôme sortir de la tombe et on le laissa passer. On était las de toute espèce de guerre, cela est vrai : mais on n'était pas abruti par la fatigue au point de renoncer au gouvernement de sa propre pensée. Aussi chacun garda-t-il en soi-même le droit de croire, de nier ou de chercher. Les choses restèrent à cet égard absolument dans le même état. La religion catholique ne fit pas une seule conversion, et elle eut ce triste et froid triomphe d'habituer les Français à ne plus s'occuper d'elle d'une manière sérieuse.

Ces derniers jours qui séparent la république de

l'empire ne montrent-ils pas cependant que, si la cause du progrès n'était pas gagnée, du moins elle avait jeté déjà ses racines dans des esprits que leur milieu social eût dû rendre hostiles à ces tentatives de nivellement?

Non certes, ce moment que l'on nous dépeint comme une phase d'abattement et d'impuissance à l'endroit des idées, n'était pas ce qu'il nous paraît aujourd'hui à travers le triomphe de l'idée personnelle de Bonaparte. Il y avait encore des éléments de vie extraordinaires, comme il y en a dans les époques de dissolution et de renouvellement. Ce n'est pas l'absence d'idées qui fait ces époques oisives et aveugles en apparence : c'est, au contraire, la multiplicité et la diversité des idées qui les rendent irrésolues, paresseuses et défiantes d'elles-mêmes. Nous sommes aujourd'hui dans une crise analogue.

De 1798 à 1802 on fut particulièrement incertain et troublé, et comme dans les temps de scepticisme extrême, par une loi bizarre en apparence, mais très-significative de l'esprit humain, on est porté à croire au merveilleux ; chacun crut sortir de sa perplexité en se remettant du soin de la destinée à *l'homme du destin*, à *l'homme du prodige*, comme on l'appelait alors.

Eh bien, l'homme du prodige, l'homme du destin, malgré l'intelligence, prodigieuse en effet, qui, plus d'une fois, lui fit accidentellement pressentir et seconder l'ordre de la destinée, ne comprit point le parti qu'il pouvait tirer d'une société ainsi disposée par rapport à la vérité morale. Il l'exploita merveilleusement au profit de sa théorie, qui était des plus terrestres, puisqu'elle se concentrait dans sa propre action. Il ne vit pas qu'une nation si profondément remuée par des idées nouvelles était capable de produire quelque chose de plus grand que l'empire d'un seul homme, et que si cet homme eût toujours bien senti dans son cœur l'appel de la Providence, il eût pu mettre ses hautes facultés d'application au service d'une réforme religieuse qui eût été l'expression du progrès de la France.

Loin de seconder les instincts généreux qui couvaient épars, mais énergiques, dans le sein de chaque Français de cette époque, il ne fit servir son génie qu'à les refouler et à les anéantir.

Sa grande intelligence fut voilée par un nuage, le jour où il cessa de comprendre que sa mission n'était pas de nous faire retourner en arrière de la révolution, mais de nous pousser en avant sur toutes les routes.

La révolution était pourtant arrivée à ce point, où, lasse de violences, ouvrant les yeux sur ses erreurs, regrettant du passé ce qu'elle avait trop brusquement anéanti, espérant de l'avenir des inspirations meilleures, elle pouvait, au lieu de se perdre comme un rêve évanoui dans l'anarchie, entrer dans une nouvelle phase avec des hommes nouveaux et des idées purifiées. Bonaparte voulait l'ordre, et il avait raison ; mais qu'il eût appliqué son génie essentiellement administrateur à rétablir l'ordre, il le pouvait tout aussi bien sans détruire l'idée et sans étouffer le sentiment républicain. Il sentait qu'il fallait une religion représentée par un culte, et il avait raison. Les instincts religieux ne suffisent pas. Ils étaient plus puissants, depuis que la révolution avait emporté le culte, qu'ils ne l'avaient été en France depuis plusieurs siècles. Jamais, depuis plusieurs siècles, la doctrine évangélique ne s'était plus héroïquement défendue contre les mensonges entassés sur sa poitrine généreuse. Certainement les hommes valaient mieux en 1800 qu'en 1750, quoiqu'ils eussent commis beaucoup d'erreurs et même de crimes. Ils étaient plus éclairés, plus enthousiastes, plus près de l'idéal. Mais ils ne se rendaient pas compte de leur foi. Ils avaient obéi à un tel esprit de réaction, qu'ils avaient oublié que ce qu'ils avaient de meilleur dans le cœur et dans l'esprit leur venait de l'Évangile. Ils se croyaient parfois *athées* ou tout au moins *déistes* purs, adeptes *de la religion de la nature,* dans le moment où ils étaient le plus semblables à des chrétiens primitifs par les sentiments et les actions. Cet état bizarre ne pouvait durer. L'homme ne peut pas se mentir impunément à lui-même pendant longtemps sans que ses croyances se perdent, et un vague instinct du beau, du vrai et du bien n'est pas toute la morale, toute la religion dont l'humanité a besoin. Cet instinct n'est qu'un résultat des principes dont elle a perdu ou brisé les formules, et c'est justement sur ces beaux instincts, mis en effervescence par une révolution sociale, qu'une vérité formulée doit venir naturellement s'implanter.

Voilà ce que Bonaparte ne comprit pas ou ne voulut pas comprendre. Ils ont tout remis en question, *ces idéologues,* pensa-t-il. Ils ne reviendront à l'ordre que par la confiance, et à la confiance que par l'obéissance. Il me faut l'aide de leurs prêtres pour les tenir dans le respect de l'ancienne hiérarchie, que je vais leur rendre sous des formes un instant renouvelées, mais bientôt identiques aux anciennes.

Il est même permis de penser que Bonaparte n'alla pas aussi loin dans son raisonnement et qu'il ne vit dans ce replâtrage de la papauté qu'un moyen de faire accepter son usurpation aux vieilles monarchies de l'Europe, à l'Italie dévote particulièrement qu'il mettait en république, en attendant qu'il fît d'elle son royaume, et de la ville des papes l'apanage de son *Dauphin*. Il semble qu'il ait dédaigné particulièrement l'opinion de la France en lui imposant les conséquences du concordat ; et qu'eût-il fait si cette opinion se fût prononcée sous la forme d'une résistance populaire ? l'eût-il brisée à coups de canon ?

Est-ce donc ainsi qu'on relève les autels et qu'on restaure une religion ? n'est-ce pas plutôt lui porter le dernier coup, et n'était-il pas permis aux jeunes gens de l'armée d'en critiquer la mise en scène ?

La critique est aisée, dira-t-on, mais nous formulerez-vous la religion que Bonaparte eût dû proposer au peuple français ? Non, je ne la formulerai pas, parce que je ne suis pas le peuple français de 1802. Quand même j'aurais dans l'esprit avec mes contemporains une formule excellente à l'heure qu'il est, cette formule n'eût pas été applicable il y a un demi-siècle. Chaque époque a la vérité relative qui lui convient et qui, essentielle dans le fond, doit modifier ses formes, éclairer ses symboles, étendre ses applications en raison du progrès des esprits et de l'élévation des cœurs. D'ailleurs, la question n'est pas là. Je ne prétends pas que Bonaparte eût dû, je ne suppose même pas qu'il eût pu se faire le représentant d'une foi nouvelle : mais, sans assumer sur lui, comme Mahomet, le double rôle d'initiateur religieux et de législateur guerrier, ne pouvait-il pas se dire avec tous les esprits avancés de son temps : La doctrine chrétienne est encore la plus haute, la plus pure expression du passé. Aucune intelligence saine, aucune âme juste ne la repousse et ne la désavoue. Gardons la foi chrétienne; rendons-en le culte accessible et gratuit à ceux qui n'en veulent pas répudier les antiques formules. *Mais* l'Église catholique a perdu, à certains égards, la notion du vrai christianisme. L'esprit du clergé est devenu dangereux, mettons un frein à la puissance du clergé, et comme ce frein ne saurait être purement matériel, comme il faut surtout s'entendre moralement sur les points essentiels de la doctrine enseignée et prêchée aux peuples, demandons à l'Église de se déclarer sur les questions vitales de la société, mettons le saint-siége dans l'obligation d'assembler un concile, ou de renoncer à être reconnu en France. Que cette assemblée, cette discussion solennelle et décisive, ait l'éclat et le retentissement qui doivent faire assister le monde entier, la France particulièrement, à la condamnation de l'absolutisme catholique et à la résurrection de l'Évangile. Que le monde sache enfin à quoi s'en tenir sur ces doctrines ésotériques de la papauté, de l'institut des jésuites et des différents corps, etc. — Une discussion de cette portée n'est pas indigne de moi et de l'élite des intelligences. Elle est nécessaire, elle sera un jour inévitable. Que ce jour soit dû à mon influence, à mon habileté, à ma volonté large comme le ciel lui-même ! Si de puissants esprits ne se présentent pas pour soutenir et gagner la cause du Christ, si le prêtre triomphe du Messie, si la révélation ne sort pas claire et vivante des obscures et contradictoires interprétations de l'Église, si la France ne s'intéresse point à ce débat suprême qui va décider de sa conscience, de sa moralité, de son unité : si ce concile ne donne pas l'essor à des vérités vivifiantes pour les peuples, pour les rois, pour l'Église elle-même, j'aurai du moins rempli ma mission et j'aurai tenté véritablement le salut de l'humanité.

Napoléon ne vit que le côté matériel des choses. Il se préoccupa de la nomination des évêques, du traitement des prêtres, etc. Ce n'était là que la question secondaire. Il fallait extirper le mauvais esprit et les intentions funestes, mettre au pied du mur les pensées cachées et les intrigues politiques, n'eût-il été conseillé que par sa politique personnelle. Il a fait des choses plus difficiles que celle-là, et celle-là, il l'eût faite, s'il y avait porté la foi intérieure.

Je n'apporte pas ici l'éventualité de la destruction de l'Église, de celle du culte en France. Je ne suppose même pas que le mot et la forme catholiques eussent dû recevoir dans la forme des atteintes regrettables. A cette époque, il ne pouvait pas s'agir d'un tel bouleversement, et il serait sans doute encore trop tôt pour le tenter, mais il y avait à régler les vrais devoirs de l'homme en société, et à savoir comment l'Église les entendrait désormais.

CHAPITRE CINQUIÈME.

La discussion eût arraché à l'Église des concessions de principes qu'elle eût été libre d'appeler des éclaircissements, le complément de ses explications antérieures. Une fois rentrée officiellement dans la bonne voie, dans la tolérance, dans la charité, dans la fraternité chrétiennes, ses ministres eussent été justement passibles des peines portées contre les perturbateurs et les conspirateurs. Autrement, échappant à tout contrôle et libres de tout engagement, ils poursuivent et poursuivront toujours de plein droit cette éternelle société secrète qui travaille en silence contre tous les pouvoirs, qu'ils s'appellent république, empire ou monarchie.

Par un concile, l'Église irritée pouvait se suicider il est vrai à cette époque. Où eût été le mal, si elle eût prouvé à l'univers qu'aucune étincelle de vie ne couvait plus dans son sein? Mais elle pouvait aussi se relever, retrouver la généreuse impulsion que grand nombre de ses ministres avaient subie en France aux premières heures de la révolution. Elle pouvait se renouveler, se retremper dans la justice et la vérité pour des siècles encore. Chateaubriand n'allait-il pas surgir pour l'orner des guirlandes de la poésie? N'y avait-il pas des érudits, des philosophes, des poëtes, voire des mystiques, de par le monde, de grands hérétiques et de grands saints, qui fussent sortis de la foule où ils sont restés étouffés et inconnus, et qui eussent éclairé toutes les faces des questions vitales soulevées par la conscience publique?

D'ailleurs, avait-elle été condamnée avec justice et clairvoyance, cette religion qui était encore alors la révélation absolue pour quelques-uns, et qui est, pour beaucoup aujourd'hui, une série de révélations successives attendant leur développement et leur continuation? Non. Elle avait été condamnée sans être jugée, elle avait été emportée dans une tourmente, et c'est ce qui donne encore une grande autorité à ce qu'elle a de vrai, une grande influence à ce qu'elle a de faux. C'était une raison de plus pour ne pas la rétablir sans la soumettre à un examen libre et concluant, à moins que la pensée secrète de Bonaparte ne fût, comme on pourrait encore se l'imaginer, de l'exposer à de nouveaux outrages en la couronnant de fleurs, et de l'embaumer pour la tombe. Une pensée aussi ambiguë que celle de Bonaparte à cet égard donne lieu à plus d'une hypothèse, et c'est ce qui la condamne.

Le mouvement qui avait porté Robespierre à rétablir une sorte de culte sorti de son cerveau, mouvement sans lumière suffisante, sans conscience assez profonde de soi-même, est au moins un mouvement naïf; et tout éphémère et inefficace qu'ait été cette tentative, elle a laissé une trace plus sensible qu'on ne pense dans l'esprit du peuple. Si c'était une profanation, ce n'était pas une profanation préméditée et froidement accomplie. C'était naïf et ignorant comme un sacrifice offert par des sauvages au grand Être; mais les sauvages ne sont pas sceptiques, ils adorent Dieu du mieux qu'ils peuvent, et le peuple de Paris avait été plus croyant au champ de Mars en 94 qu'il ne le fut autour de Notre-Dame en 1802. Ce n'est pas à dire que la religion des jacobins pût être mise en comparaison aucune avec celle des apôtres. Mais l'hypocrisie souille tout ce qu'elle touche, et voilà les étranges méprises auxquelles elle condamne les hommes.

Par le concordat, Napoléon ressuscitait et consacrait l'antique divorce du pouvoir spirituel et du pouvoir temporel. C'était là, même au point de vue de son autorité, une grande faute, et je ne peux pas comprendre comment il l'a commise, sans même en prévoir les conséquences. Ses lentes et pénibles négociations avec la cour de Rome, ses querelles assez vives avec le légat ne lui faisaient-elles donc pas pressentir que le saint-siége n'était alors ni plus sincère ni plus croyant que lui? Et quand il eut enfin obtenu cette pauvre victoire d'amener le pape à consacrer l'hérésie des prêtres constitutionnels, ne vit-il pas bien que la réconciliation n'était pas réelle, et que bientôt il lui faudrait, au nom du pouvoir temporel, briser les résistances, étouffer les protestations du pouvoir spirituel? Les classes extrêmes, que le rétablissement du culte officiel devait le mieux disposer en sa faveur, la vieille noblesse et le peuple des campagnes, allaient nécessairement subir l'influence du clergé mécontent, faire du pape opprimé un martyr, et de l'empereur un tyran et un impie. Avec le concordat, tôt ou tard la restauration monarchique devenait imminente, inévitable. Bonaparte, qui venait d'appliquer sa vive et mobile capacité à étudier les canons et les lois de l'Église, ne se rendit pas compte de l'esprit de l'Église. Il étonna monsignor Caprara par son érudition improvisée, par sa facilité à retenir la lettre des institutions ecclésiastiques; mais le légat s'aperçut bien qu'il n'en pénétrait pas le sens, et le terrible ergoteur fut joué par le prélat timide et têtu. L'Église acheva de perdre, il est vrai, dans cette lutte la véritable notion et la véritable force de son pouvoir spirituel. Elle s'en dédommagea en empiétant sur le pouvoir temporel dans sa pensée, et grâce à sa secrète persistance, grâce aux fautes de Napoléon, elle devint, après la chute de ce grand homme, le véritable pouvoir temporel de la France.

Robespierre, dans sa rapide et informe ébauche d'une société nouvelle, avait du moins évité cet écueil. Il avait rêvé un instant la concentration du pouvoir spirituel et du pouvoir temporel dans un symbole unique; il avait jeté comme première base de son système une pierre, brute comme une pierre druidique; mais sur cette pierre, par la suite des

CHAPITRE CINQUIÈME.

temps et le développement des idées, un temple pouvait s'élever qui réunirait dans son sein et la religion et la société dans une indivisible unité. Je suppose que Robespierre et Saint-Just eussent vécu quelques années de plus, et que leur système eût dominé, la France aurait eu un culte que chaque année aurait épuré. Le Christ n'eût certainement pas été exclu de ces honneurs rendus à la Divinité, puisque la révolution l'avait déjà qualifié de *sans-culotte Jésus,* expression grossière et cependant profonde qui révélait un sentiment énergique de la vérité.

Ni Robespierre ni Saint-Just pourtant n'étaient les hommes capables de mener bien loin une œuvre si grande. Grands eux-mêmes, mais souillés par l'époque terrible qui les avait produits, ils eussent laissé du moins des traces certaines de leur passage. Que Bonaparte et quelques-uns des hommes qui vinrent avec lui et qu'il absorba trop vite dans son rayonnement eussent été appelés à continuer l'œuvre des jacobins, et qu'au lieu de la renier et de la maudire, eux qui l'avaient adorée, ils eussent gardé la foi des choses nouvelles et compris la loi du progrès, ils eussent pu apporter le concours de leur génie et de leur audace à cet édifice de notre avenir. Et qui sait si, quelques années plus tard, cette grande hérésie du nouveau culte français, défendue par Napoléon et par l'héroïsme de la nation comme une conquête aussi précieuse que nos conquêtes matérielles, n'eût pas pu négocier avec le pape? Le pape négociait bien en 1802 avec une nation sans croyance, qui laissait plaider sa cause auprès de lui par un seul homme habile et impérieux? La terreur du pape eût été bien plus grande si cet homme eût été l'avocat d'une nation enthousiaste, passionnée, croyante, défendant ses principes philosophiques comme des articles de foi, demandant l'égalité au nom de Jésus, exigeant la révision d'une doctrine étouffée sous de fausses interprétations, menaçant l'Europe d'une véritable propagande républicaine et fraternelle, et sommant le chef de l'Église d'assembler un concile où les doctrines françaises eussent été discutées et portées à la tribune du genre humain? Qui sait si la prépondérance du génie de Napoléon et la terreur de ses armes n'eussent pas arraché au saint-père un édit de tolérance pour l'Église de notre conscience et de notre inspiration? N'était-ce pas le temps des miracles, et le concordat n'est-il pas lui-même une sorte de miracle aussi, quoique venant du diable plutôt que de Dieu?

Mais nous n'avons pas besoin d'aller si loin dans nos hypothèses. Il est plus vraisemblable de croire que l'Église nous eût maudits et repoussés; mais nous eussions plaidé, là, du moins, la plus grande cause qui ait jamais été plaidée devant l'humanité, et nous n'eussions peut-être pas manqué d'hommes

CHAPITRE CINQUIÈME.

pour la plaider dignement. Il en est plusieurs dont l'inspiration s'est perdue dans les luttes sourdes et impossibles de l'anarchie religieuse, qui, secondés, éclairés et mieux inspirés par un milieu plus pur et un concours plus large, eussent laissé dans l'histoire une trace que nous ne pouvons prévoir.

Mais c'eût été, dira-t-on, revenir au temps des hussites, recommencer les guerres de religion, se replonger dans la barbarie dont Voltaire nous avait à jamais sauvés. — Non, l'humanité ne repasse point par les chemins qu'elle connaît sans issue. L'Église n'eût pas pu lutter, elle n'aurait pas eu le pouvoir temporel pour envoyer nos députés au bûcher. Elle n'avait plus le pouvoir spirituel pour nous combattre victorieusement ; elle eût protesté, elle n'eût rien empêché ; elle eût été ébranlée du faîte jusqu'à la base, et notre querelle avec les vieilles monarchies de l'Europe, sans cesser d'être ardente et prodigieuse, eût gardé le caractère religieux et philosophique qu'elle avait au commencement et que Napoléon se hâta de lui faire perdre. Cette chimère du préjugé qui fait que les mots mêmes que j'emploie, religion et philosophie, sont des termes ennemis et inconciliables, fût tombée devant la clarté du jour. Et supposons encore que l'esprit du temps n'eût pas admis leur identité éternelle, supposons que les Français eussent persisté à se croire uniquement philosophes (cela n'est pas probable, puisqu'en

1794 ils avaient ébauché une religion et en avaient admis les termes), cette philosophie, qui aurait grandi dans les combats, et que la solidarité du péril aurait gravée dans tous les cœurs comme l'idée même de la patrie, nous eût investis d'une force qui n'eût probablement pas succombé à Waterloo, en supposant qu'une lutte si longue, si désastreuse et si vaine eût été nécessaire pour le maintien de la république, comme elle l'a été pour celui de l'empire.

Il est vrai que, pour que tout cela fût possible, il n'aurait pas fallu que Napoléon fût un conquérant et un sceptique. Il eût fallu un génie éclairé d'une lumière supérieure à celle de la pratique immédiate. Alors il ne nous eût pas jeté pour adieu à Fontainebleau cette parole amère, malédiction trop juste adressée aux hommes de son temps : « Si j'avais » méprisé les hommes comme on me l'a reproché, » le monde reconnaîtrait aujourd'hui que j'ai eu des » raisons qui motivaient mon mépris. » Alors l'unité de l'homme, qui implique ses droits, ses devoirs et son action dans la vie, n'eût pas été brisée comme elle l'est aujourd'hui. Nous n'aurions pas une théocratie que le gouvernement récuse et subit en même temps, anomalie monstrueuse où périssent à la fois l'autorité spirituelle et l'autorité temporelle. Cette unité de notre religion et de notre société, notion aussi simple que celle de l'union de notre âme avec notre corps, serait entrée dans les esprits, passée dans les lois, dans les mœurs, dans les arts, dans tout, par la force des choses, par la gloire surtout, puisque la gloire était la passion de l'époque, et qu'il eût fallu défendre cette religion de l'égalité contre les armées étrangères, comme nous avons défendu la fortune d'un souverain sans aïeux.

Il est permis de rêver quand on regarde derrière soi, et de regretter les déviations d'un grand esprit, les faiblesses d'un grand caractère. Il faut cependant, pour être juste, voir les obstacles qui l'ont fait reculer, et le milieu qui lui a ôté la liberté du jugement. Bonaparte ne jugea pas les hommes dignes de le seconder, et ce mépris, si naturel chez ceux qui voient ramper autour d'eux, le porta à rétrécir le vaste cadre de ses conceptions. Le spectacle et le souvenir des assemblées tumultueuses et des vaines agitations parlementaires durent lui causer un profond dégoût. C'est sous l'empire de ce dégoût, irritant pour un esprit prompt et net, qu'il imagina le mode du vote pour le consulat à vie. Il comprit très-bien que l'assentiment officiel des nombreuses signatures sur un registre tue l'esprit de parti, mais il dut comprendre aussi plus tard que ce mode peut tuer l'esprit public et créer des millions de parjures. Le vote de chaque individu n'est pas le vote de tous. La véritable adhésion des masses n'existe qu'à la condition du contact des hommes réunis en assemblée, s'éprouvant, s'interrogeant, se livrant les uns aux autres, s'engageant par la publicité des débats et pouvant échapper par là aux influences étroites de la famille et aux suggestions passagères de l'intérêt personnel.

Quand ces intérêts égoïstes se trouvèrent compromis par les malheurs publics, chacun de ces signataires empressés se crut libre de trahir et la patrie et l'homme qui, à la fin de sa carrière, redevenait la personnification véritable de la patrie, comme il l'avait été au commencement. Si Napoléon eût voulu ou pu créer une véritable représentation, je crois fermement qu'elle lui eût été plus fidèle, car elle l'eût préservé de l'ivresse du pouvoir sans entraver la marche providentielle de son génie. Le chef actuel de l'État[1] l'a bien compris, et a résolu plus habilement le problème posé à toutes les usurpations, quand elles se voient forcées de consulter la nation. Seulement, comme ce qui n'est qu'un compromis entre la conscience et la nécessité n'est qu'un leurre, et qu'un leurre ne saurait durer longtemps, la fausse représentation constitutionnelle de la France pourra bien être un jour aussi ingrate envers son fondateur que le fut la représentation naïvement asservie de l'empire.

Qu'on n'attribue pas à la présomption ce coup d'œil jeté par moi sur les événements d'un passé

---

[1] Louis-Philippe. Ceci est écrit en 1847.

encore débattu dans l'opinion des contemporains. C'est le droit de tous, puisque cette histoire d'hier est déjà celle de chacun de nous. Pour moi, c'est celle de mon père, c'est la mienne par conséquent.

En relisant ses lettres, écrites sous l'impression irréfléchie mais sincère du moment, je ne puis me défendre d'examiner et de juger à mon point de vue ce qu'il a jugé au sien.

Mon père n'avait pas la prétention d'être philosophe, malgré l'éducation philosophique qu'il avait reçue. Il se croyait indifférent à toute religion, à toute doctrine, et comme tous les hommes de son âge, comme ceux de son époque surtout, il se laissait aller sans réflexion à la vie extérieure. Il est bien évident, néanmoins, qu'il avait, au fond de l'âme, une foi complète aux idées de christianisme progressif qui ont défrayé depuis lors les modernes écoles philosophiques.

Mon père est mort à trente ans : dans mes vagues souvenirs comme dans le souvenir tendre et presque enthousiaste de ses amis, il reste donc à l'état de jeune homme, et moi, qui me fais vieille, je vois en lui, par la mémoire et l'imagination, un enfant comme mon fils, lequel approche déjà de l'âge que mon père avait à la fin du consulat, quand je vins au monde. Je reçois pourtant encore, en lisant sa vie écrite par lui-même au jour le jour, dans ses entretiens familiers avec sa mère, les profonds enseignements qu'il m'eût donnés s'il eût vécu. Et pour les bien comprendre, à travers le temps et la tombe qui nous séparent, je suis forcée de commenter tout ce qui s'agite en lui et autour de lui. Je le vois se résumer à son insu, à toutes les époques de sa vie qui touchent à la vie générale, et le contre-coup qu'il en reçoit me paraît, à travers l'enjouement apparent de son esprit, d'une portée très-sérieuse, non-seulement pour moi, mais pour tout le monde.

Ainsi je le vois dès l'enfance traiter le patriciat de *chimère* et la pauvreté de *leçon utile*. Souffrant de la révolution jusqu'au fond des entrailles en sentant sous le couteau sa mère adorée, je le vois ne jamais maudire les idées mères de la révolution, et tout au contraire approuver et bénir la chute des priviléges. Je le vois aimer sa patrie *comme Tancrède*, regarder la guerre et la gloire comme la proclamation des conquêtes morales de la philosophie, et s'écrier : « Ah ! ma mère ! qui eût dit à tes amis les philosophes qu'un jour leurs idées feraient de moi, fils de financier, un soldat au service d'une république, et que ces idées seraient à la pointe de nos sabres? » Je le vois plus naïf, plus conséquent, plus chrétien et plus philosophe encore, aimer une pauvre fille enrichie un instant par un malheur plus grand que la pauvreté; reconnaître que son amour l'a purifiée, et lutter contre les plus vives douleurs pour la réhabiliter en dépit du monde. Je le vois pousser le respect et l'amour de la famille jusqu'à briser le cœur de sa mère et le sien propre plutôt que de ne pas légitimer par le mariage les enfants de son amour. Toute cette conduite-là n'est pas d'un athée, et si l'expression est légère et dédaigneuse quand il parle du culte officiel, je vois, au fond de l'âme, les principes tenaces et victorieux de la religion de l'Évangile.

CHAPITRE SIXIÈME

Suite des amours. — Rencontre avec les Turcs. — Aventure de M***. — Séparation douloureuse. — Excentricités du général. — Retour à Paris. — Caulaincourt, Ordener, d'Harville. — *Ces dames.* — Le beau monde. — La faveur. — MM. de Vitrolles, Cambacérès, Lebrun. — M. Heckel. — Eugène Beauharnais et lady Georgina. — Poisson d'avril. — Ma tante paternelle.

AN XI

LETTRE PREMIÈRE

DE MAURICE DUPIN A SA MÈRE.

Charleville, 1ᵉʳ vendémiaire (22 septembre 1802).

Ta lettre, ma bonne mère, que je reçois à l'instant, me rend au bonheur. Tu m'y moralises, tu m'y grondes tout au long; mais c'est avec ton amour maternel que je possède toujours, que rien ne peut me *remplacer*, et de la perte duquel je ne me consolerais jamais, entends-tu bien, parce que *rien* ne pourrait me *dédommager*. En dépit de ton mécontentement, tu me portes la même tendresse. Conserve-la moi toujours, ma bonne mère, je n'ai jamais cessé de la mériter. Je te l'avouerai, je craignais que quelques nouveaux rapports mensongers, quelque apparence trompeuse ne l'eussent momentanément refroidie dans ton cœur. Cette idée me poursuivait partout. Mon âme en était oppressée, mon sommeil troublé. Enfin, tu viens de me rendre à la vie !

Et cet original de Deschartres qui me mande, il y a deux jours, que tu ne m'écriras peut-être pas de longtemps, à cause des chagrins que je te donne ! Je lui ai trop prouvé qu'il avait tort. Il s'en venge en me faisant souffrir, en me prenant par l'endroit le plus sensible. Avec tant de bonnes qualités, c'est cependant un ours qui vous griffe quand il ne peut vous assommer. Il m'a écrit des volumes tout le mois dernier pour me prouver, avec sa politesse accoutumée, que j'étais un homme *déshonoré, couvert de boue*. Rien que ça ! Belle conclusion, et digne des exordes dont il me régalait ! Mais je les lui passe de bien bon cœur, à cause du motif qui allume son courroux et son zèle. Je n'ai pas encore répondu à sa dernière lettre, mais je me réserve cette petite satisfaction, tout en lui envoyant un bel et bon fusil à deux coups, pour qu'il te fasse manger des perdrix s'il n'est pas trop maladroit.

Non, ma bonne mère, je n'ai jamais voulu séparer mon existence de la tienne, et si je suis devenu *ivrogne* et *mauvaise compagnie,* comme tu m'en accuses, dans les camps et bivouacs, ce que je ne crois pas, sois sûre que, du moins, dans cette vie agitée, je n'ai rien perdu de mon amour pour toi. Si j'ai fait, sans te consulter, la *démarche* d'écrire à Lacuée pour tâcher de rentrer dans mon régiment, c'est que le temps pressait, qu'il m'eût fallu attendre ta réponse et perdre ainsi le peu de jours que j'avais pour espérer un bon résultat. Maintenant tout est consommé, Lacuée ne m'a pas laissé la moindre espérance. En vertu des nouveaux arrêtés, je dois rester auprès de Dupont[1], je me résigne, et la satisfaction que tu en ressens diminue d'autant ma contrariété.

[1] Malgré sa bienveillance naturelle et la facilité de son caractère, mon père éprouve une contrainte et une antipathie croissantes auprès de son général. J'aurais supprimé ses railleries, comme je le fais pour bien d'autres dont j'ai entre les mains le portrait et la critique, si le général Dupont n'était pas un personnage que l'histoire a dû juger plus sévèrement, dans la suite, que mon père ne pouvait le faire encore en 1801. Par une étrange fatalité, ou plutôt par une suite naturelle des relations de son entourage, mon père s'est trouvé deux fois attaché à des généraux qui devaient, des premiers, trahir la France en 1814, d'Harville et Dupont, l'un comme général, l'autre comme sénateur.

Tu te trompes pourtant, ma bonne mère, quand tu parles de *premiers* et de *derniers*. Sous les armes, il n'y a pas de *derniers,* pas même le pauvre soldat. Celui-là n'est atteint par le mépris de personne qui fait bien son devoir. Mais il est un poste où il n'y a pas de *premiers,* c'est dans l'antichambre des généraux. Tous sont laquais, plus ou moins, et cela ne me va guère. Les temps sont bien changés depuis un an. Soit l'état de paix, soit tout autre chose, ce poste qui me paraissait si glorieux m'est devenu bien amer. Je m'en console pourtant, parce que je ne crois pas que jamais on essaye de m'humilier personnellement. Si cela était, j'aimerais mieux quitter l'état militaire et en mourir de chagrin que de perdre le sentiment de ma dignité.

Je n'irai ni aux Indes ni en Amérique; il est vrai que par moments un peu de rhum et de chagrin m'ont fait passer cette idée par la tête; mais je ne l'ai jamais confiée à personne, et ceux qui m'ont fait parler là-dessus ne savent ce qu'ils disent, en d'autres termes, ils en ont menti. Cette idée ne pouvait pas tenir dans mon esprit contre la crainte de t'affliger et d'empoisonner ton repos.

Maintenant, venons au fait qui te tourmente le plus. Oui, j'ai revu V*** à Paris, l'hiver dernier, tout le temps que j'y suis resté, et puisque tu veux la vérité, je te la dis; je ne l'éludais que par respect pour toi; car je ne pouvais rougir de cet attachement comme d'un crime. Son voyage à Bruxelles est un conte que j'ai fait à madame de la M***, pour qu'elle ne t'inquiétât pas davantage avec ses rapports officieux. Il est vrai encore que V*** m'a suivi ici, que je l'ai logée aux environs de la ville chez d'honnêtes bourgeois; puis je l'ai fait entrer, comme elle le voulait, dans un magasin de modes, où elle travaille maintenant. Je ne l'ai donc ni trahie ni abandonnée à la misère, et à ces craintes de ta part, je reconnais bien le bon cœur de ma chère mère, qui, après avoir tant craint ma prodigalité envers cette personne, s'effraye maintenant à l'idée de mon ingratitude envers elle. Cette condition médiocre où elle vit, doit te prouver enfin qu'elle est bien différente de ce que tu te la figurais, puisque sa pauvreté arrive à te donner de l'inquiétude sur ma conduite à son égard. Mais, sur ce point, rassure-toi, elle et moi sommes contents l'un de l'autre, et si je suis *fou*, ce n'est pas sur le chapitre du devoir que je déraisonne.

Encore une confession qu'on ne t'a pas faite pour moi et dont je veux avoir le mérite. J'ai joué un beau soir chez l'oncle de Morin et j'ai perdu vingt-cinq louis. C'est la première fois, je crois, que je touchais des cartes, et ce sera la dernière. J'ai emprunté pour payer et j'ai rendu, voilà le secret de ma gêne ce mois-ci. Mais je ne m'en plains pas, c'est ma faute. C'est une leçon, et j'en profiterai.

Sancho disait, je crois, il ne faut faire de sottises que celles qu'on aime à faire. Justement je déteste le jeu, et j'ai été puni d'avoir contrarié mon goût et mon instinct. Nous partons demain pour faire notre tournée dans la division. Nous allons passer en revue toutes nos troupes et les mettre en état de paraître devant le premier consul, qu'on dit, *inter nos*, devoir venir nous visiter bientôt.

Adieu, ma bonne mère, crois que ton bonheur peut seul faire le mien, et qu'il entrera toujours comme cause première dans toutes mes actions, comme dans toutes mes pensées. Je t'embrasse de toute mon âme.

Mon Dieu, que l'idée de *Miémié* m'afflige! Je ne peux pas me persuader cela. Parle-lui de moi, je t'en prie[1]!

Et Auguste qui est nommé receveur de la ville de Paris! Je lui en ai fait mon compliment.

---

[1] *Miémié*, c'est-à-dire mademoiselle Roumier, c'était cette vieille bonne qu'il aimait tant. A peine eut-elle reçu son gage arriéré, qu'elle voulut aller vivre dans sa famille; malgré des regrets réciproques, elle effectua cette résolution.

LETTRE II

Charleville, 19 vendémiaire.

Depuis quinze jours nous sommes en tournée, nous venons de voir toute la division, qui est superbe. J'ai retrouvé, dans presque tous les corps, des officiers avec lesquels j'ai fait la guerre en Suisse et en Italie. Nous nous sommes revus avec un plaisir extrême de part et d'autre. A Verdun j'ai fait connaissance avec le 1er de chasseurs. Il n'y a sortes de choses aimables que ne m'ait dites le colonel sur son regret de ne point m'avoir au régiment. J'ai témoigné à tous ces messieurs le chagrin que j'éprouvais de ne plus compter parmi eux, et je leur ai demandé de compter au moins dans leurs cœurs pour quelque chose. On m'a répondu qu'il suffisait de me connaître pour m'aimer et ne jamais m'oublier. J'ai l'air de me vanter, en rapportant ces réponses, mais il n'y a que toi, ma bonne mère, avec qui j'en tiendrai note, parce que je sais que tu es plus sensible à cela qu'à tous *les exploits ;* crois bien pourtant qu'entre militaires la bravoure est indispensable à l'amitié qu'on inspire. C'est donc une manière *habile* que j'emploie pour te prouver que je dois aimer la guerre et la gloire.

CHAPITRE SIXIÈME.

On a dîné ensemble, donné un bal, et l'on s'est séparé bons amis. Nous avons passé en revue Durosnel et son régiment à Saint-Mihiel, j'ai été enchanté de le revoir, et de l'accueil qu'il m'a fait. Tu sais que je t'ai toujours dit que Durosnel était le meilleur dans le temps de Cologne. Nous avons fait crever de rire Dupont et les aides de camp avec nos vieilles histoires, et Durosnel a eu l'amabilité de placer dans tous ses récits comiques quelque trait sérieux à ma louange. Nous l'avons quitté pour aller voir le 17ᵉ à Commercy; de là nous nous rendîmes à Bar-sur-Ornain, où nous eûmes *un choc* avec MM. les Turcs. Sa Hautesse l'ambassadeur de la Sublime Porte était arrivée à la poste avec toute sa turquerie dans dix voitures, et avait pris tous les chevaux. Mais comme ils s'étaient arrêtés depuis trois heures pour faire leurs ablutions, notre courrier arriva tout au beau milieu de la prière et prit six chevaux pour nous, sans s'inquiéter des Turcs : représentations de leur part, entêtement de la sienne, entremise de l'interprète, arrivée du général, vacarme dans la maison et dans les écuries. Nous voulons déjeuner, les Turcs mangent tout; ils ont mis la broche, nous nous en emparons. L'ambassadeur et le général ont une entrevue digne du *Bourgeois gentilhomme*, et pendant qu'ils se complimentent, qu'ils se souhaitent la *prudence* des lions et la *force* des serpents, nos chevaux sont attelés. On se sépare sans s'être compris de part ni d'autre, et fouette postillon. Les Turcs stupéfaits ont une partie de leur déjeuner et six chevaux de moins. Le lendemain revue du 16ᵉ de cavalerie, dîner donné par les officiers, bal le soir. Le jour suivant, chasse aux loups; on en tue deux, on fait halte, et tout allait bien jusque-là, lorsqu'un événement qui faillit être moins comique que celui de Bar-sur-Ornain termina la partie. La halte finie, on s'emballe pour arriver à la comédie de Châlons : Dupont monte dans sa voiture avec le préfet et deux ou trois autres figures municipales, moi, je monte dans une grande calèche avec le colonel M***, sous-inspecteur aux revues, trois capitaines du 16ᵉ, quatre chiens courants et huit fusils, note bien tout ce matériel. Nous étions attelés de deux chevaux neufs. Nous confions les rênes au colonel comme au plus sage, et je me place avec lui sur le siége. Nous roulions fort agréablement depuis un quart d'heure, lorsque tout à coup nous arrivons à une descente de traverse rapide, longue et sillonnée de profondes ornières; nous voulons retenir nos chevaux, qui, peu habitués à tirer, et surtout à sentir la voiture les presser, se mettent au galop, puis s'emportent tout à fait. Je joins mes efforts à ceux du colonel pour les arrêter, nous cassons les rênes; voyant alors qu'il n'y a plus d'espoir de salut et que nous allons tous être précipités dans la rivière qui coule au bas de la côte, je saute à terre pour tâcher de gagner la tête des chevaux; mais comme le terrain est fort inégal en cet endroit, je tombe, je me ramasse, mais au moment où je vais être sur pied, les chevaux appuient de mon côté, et la roue de derrière me passe sur la jambe depuis la cheville jusqu'au genou. Je n'ai rien de cassé et j'en suis quitte pour une contusion et une entaille. Le colonel a sauté un instant après moi et s'est démis un poignet. Les autres allaient sauter dans la rivière avec la calèche, quand heureusement les chevaux se sont abattus tous les deux à la fois, et ont terminé ainsi leur effrayante galopade.

Mais ce qu'il y eut de plaisant, c'est, quand nous fûmes tous sur pied, de voir la figure de M***. La frayeur lui avait fait tellement perdre la tête, qu'il ne savait plus ce qu'il disait et demandait qu'on le visitât pour savoir s'il n'était pas blessé. Le fait est que la visite eût été désagréable, il avait *sali ses chausses*. Tu penses bien que nous ne pûmes nous tenir de rire, ce qui nous fit oublier nos maux. Nous rentrâmes dans Châlons, les valides portant les blessés. Nous n'en sommes pas moins partis le surlendemain pour Charleville, où nous sommes arrivés sans encombre. Ma jambe va beaucoup mieux, l'eau végéto-minérale fait merveille, et ce ne sera rien. Au milieu de tous ces *notables* événements, je n'ai pu trouver le temps de t'écrire, car, suivant notre louable habitude, nous faisons toutes choses avec une telle précipitation que nous ne faisons rien du tout; Dupont est le type de l'activité mal entendue.

LETTRE III

De Sillery (sans date), chez M. de Valence.

Tu l'as voulu, tu l'as exigé, tu m'as mis entre ton désespoir et le mien, j'ai obéi. V*** est à Paris, J'ai voulu, j'ai fait l'impossible, mais pour l'éloigner ainsi, il fallait bien veiller à son existence. Je me suis fait avancer soixante louis par le payeur de la division sur mes appointements, et j'ai exigé qu'elle allât travailler à Paris; au moment du départ elle m'a renvoyé l'argent. J'ai couru après elle, je l'ai ramenée, nous avons passé trois jours ensemble dans les larmes. Je lui ai parlé de toi, je lui ai fait espérer qu'en la connaissant mieux un jour tu cesserais de la craindre. Elle s'est résignée, elle est partie. Mais ce n'est peut-être pas trop le moyen de se guérir d'une passion que de l'exposer à de telles épreuves. Enfin, je ferai pour toi tout ce que les forces humaines comportent, mais ne me parle plus tant d'elle. Je ne peux pas encore te répondre avec beaucoup de sang-froid.

Seulement il est faux, *archifaux*, qu'elle soit retournée avec le sieur ***. Il est fort possible que ce monsieur ait une femme avec lui à Orléans; mais ce n'est pas elle. Un chef de bataillon de mes amis arrive de Paris, il a été la voir de ma part pour me donner de ses nouvelles. Il l'a trouvée montant un chapeau. Elle est sage et laborieuse, voilà la vérité.

Adieu, ma bonne mère. Un chagrin n'arrive jamais seul. Il est donc certain que ma bonne te quitte, et qu'elle met un peu d'amertume dans ses rapports avec toi! Que les choses humaines finissent donc tristement! Ce qui me console, c'est qu'elle te tyrannisait un peu et que tu vas être plus libre. Elle, de son côté, qui aime à commander, commandera-t-elle à ses parents? je doute qu'ils soient aussi accommodants que toi. Enfin elle ne nous quitte pas les mains vides, et si elle sait être heureuse, il ne tiendra qu'à elle. — Je t'embrasse de toute mon âme.

LETTRE IV

Charleville, 29 vendémiaire an XI (octobre 1802).

Ne sois point inquiète, je n'ai pas eu besoin d'employer les recettes de *Medicus sum* Deschartres ; ce qui était à vif est cicatrisé. Il n'y a que la contusion de la crête du tibia qui est toujours douloureuse et enflée, mais à cela près je marche très-bien.

Et puis à quelque chose malheur est bon ; comme je ne puis ni m'habiller ni mettre de bottes, je suis dispensé de courir comme un étourneau avec Dupont. Je me repose de cet odieux rôle de complaisant qu'il qualifie *d'activité militaire* et qui n'est rien moins que cela ; je passe mes journées dans ma chambre, en pantoufles ; je lis, j'écris, je jouaille du violon, je me plonge dans une mélancolie qui est, tu le sais bien, le fond de mon caractère, malgré mon extérieur jovial. La seule chose *militaire* que je fasse, c'est de tirer par ma fenêtre des coups de fusil dans une porte. Le soir je relis, je récris et je refume. Decouchy, homme d'un très-grand sens, vient me tenir compagnie ; mais comme chacun a sa manie, la sienne est la déclamation. Il met tout le monde en fuite avec ses tirades, et comme il me voit pris par les jambes, il me condamne à l'entendre déblatérer tout son répertoire. Je ne m'en tire qu'en me laissant aller au sommeil.

Pendant ce temps, Dupont va en société ; il se cave et se recave de trente sous à la bouillotte pour plaire aux dames de l'endroit ; il se bat les flancs pour leur paraître aimable et pour se persuader qu'il s'amuse. Mais comme il s'ennuie, il s'en prend à ses aides de camp. Il dit que nous n'avons pas l'*esprit militaire* parce que nous ne sommes pas bottés dès huit heures du matin. Il lui prend des frasques dignes de don Quichotte. Il se croit en temps de guerre, fait seller ses chevaux avec le même empressement que si l'ennemi était aux portes, n'attend pas que les ordonnances aient sellé les leurs, s'emporte, crie, jure, et part au grand trot. A peine sorti de la ville, il quitte les chemins, disant que se promener comme tout le monde n'est pas militaire. Il prend à travers champs, bat la campagne, saute les fossés, s'enfonce dans les marais, éreinte les chevaux, et rentre avec la même précipitation que s'il avait l'ennemi au derrière. Il appelle cela une promenade militaire, et le tout pour qu'on dise dans la ville qu'il a le diable au corps. Quand à moi, cet état d'asservissement aux caprices absurdes d'un seul me rendrait vite imbécile, si la paix se prolongeait; mais tout nous présage de nouveaux événements, Dieu merci !

Nous attendons ici le premier consul dans quinze jours. Nous rassemblons pour le recevoir quatre régiments de cavalerie et six mille hommes d'infanterie. Je serai alors en état de monter à cheval, et Dieu sait quelles caracoles nous allons faire ! Ce que je te dis de ce voyage est un *secret d'État* et ne nous est point venu officiellement, mais confidentiellement par le canal de Berthier. Adieu, ma bonne mère, aime-moi toujours malgré ma tristesse.

LETTRE V

Charleville, le 10 brumaire an XI (novembre).

Tu rends avec vérité, ma bonne mère, la peine qu'on éprouve en se séparant de ceux auxquels de bonnes qualités et une longue habitude nous ont attachés; je conçois parfaitement le chagrin que cela t'a causé, et le poids dont tu te sens allégée cependant. L'attente d'une chose pénible l'est encore plus que la chose elle-même. Je t'assure que, de mon côté, il m'en coûte bien de savoir que je ne reverrai plus à Nohant la bonne Miémié; car, ses humeurs à part, elle était véritablement excellente, et je n'aurais jamais cru qu'elle pût se décider à nous quitter. Mais puisque la chose est faite malgré tous mes regrets, je sais bien que tu seras plus libre et mieux soignée. Un arrangement dont je m'applaudis tous les jours, c'est celui par lequel j'ai attaché Deschartres aux destinées de Nohant[1]. C'est vraiment la perle des cœurs honnêtes; on n'est pas plus brutal que lui, et en même temps d'une délicatesse plus rare. Je me transporte en imagination chaque soir auprès de toi, et j'y vois tes longues et tristes

---

[1] Deschartres était devenu fermier de ma grand'mère.

veillées. Je t'assure que, de mon côté, je ne suis pas plus gai ici. Ma jambe me sert un peu de prétexte maintenant pour m'enfermer dans ma chambre et me dispenser des éternels dîners et des insipides soirées chez le préfet, ou le commandant, ou le commissaire des guerres. Je fais du moins chez moi de la musique tout à mon aise, quelques mauvais vers de temps en temps, et le plus souvent des châteaux en Espagne. Dupont va aller à Paris au mois de janvier : aussitôt je filerai vers Nohant, et, en passant à Paris je tâcherai de faire encore quelques démarches pour sortir du poste où je suis et où je me déplais chaque jour davantage. Je rabâche, mais je ne puis assez te dire que la guerre ennoblit tout. En temps de paix, un aide de camp est un pauvre sire, surtout quand il a affaire à un cerveau détraqué. Je voudrais passer capitaine et aller au régiment, ou entrer au moins dans la garde du consul, parce que là, en temps de guerre, il y a du beau et du grand à tenter. . . . .

Du 24 brumaire.

. . . .
J'ai tué hier un loup superbe dans la forêt de Lannoy. Ils sont si nombreux que sans nous ils feraient de grands ravages dans le pays. Je ne sais pas

si celui que j'ai abattu est le même qui avait mordu quinze personnes ces jours-ci. Je le voudrais bien. Au reste nous en avons tué huit, et sans doute il était du nombre. Ils vont en troupe et la chasse devient un peu plus sérieuse, c'est-à-dire plus amusante.

. . . .

———

Apparemment l'itinéraire de Bonaparte fut changé, puisque mon père eut la liberté de s'absenter. On voit bien qu'il s'ennuyait loin de Victoire, et il fit tout au monde pour aller la voir à Paris. Pour cela il lui fallut prétexter des affaires, et il eut besoin d'une lettre de sa mère au général Dupont. Car Dupont était « plus braque et plus mal disposé que » jamais, Monsieur fait la cour à une dame dont le » mari était absent, mais depuis huit jours ce mari » a eu l'impolitesse de revenir, et le général con- » trarié dans ses amours, s'en prend à nous, qui » n'y pouvons mais. » Pour faire agréer sa demande à sa mère, Maurice fait un peu l'ambitieux. Il dit que le moment est bon pour aller travailler à son avancement, qu'il verra Armand Caulaincourt[1], son ancien ennemi, et qu'il est sûr qu'il lui donnera un coup de main, parce que, après tout, ce person-

---

[1] Le duc de Vicence.

nage, dont le chemin a été si rapide, n'a pas de raison pour le haïr. « Il m'a fort ennuyé, et je ne
» l'ai jamais blessé dans mes réponses. J'aurais pu
» le taquiner dans ses amourettes, mais comme j'ai-
» mais ailleurs, j'ai agi loyalement, et il s'en est
» aperçu. Je ne l'ai jamais cru méchant ni sot,
» tant s'en faut, et peut-être, à présent qu'il est en
» bon chemin, aura-t-il quitté ses grands airs. Nous
» verrons bien. »

Maurice veut aussi revoir le *père* Harville, son premier général, son *grand diable d'Ordener* (le père, je crois, du brave colonel Ordener), un autre *grand diable* qui se conduisit d'une manière héroïque aux portes de Paris en 1814[1], Eugène Beauharnais, Lacuée, Macdonald, et enfin son ami Laborde, aide de camp de Junot. Il flatte le désir que sa mère éprouvait dès lors de le voir se placer plus près des regards du premier consul, et lui-même désirait vivement alors entrer dans la garde du premier consul. Il fit quelques efforts, comme on le verra, et sans succès, comme il était facile de le prévoir, car il était trop préoccupé de son amour pour être un solliciteur actif, et trop naïvement fier pour être un heureux courtisan. J'ai entendu souvent ses amis s'étonner qu'avec tant de bravoure, d'intelligence et de charme dans les manières, il n'ait pas eu un

---

[1] Ordener le père était en 1802 chef de la garde consulaire.

plus rapide avancement, moi je le conçois bien. Il était amoureux, et pendant plusieurs années il n'eut pas d'autre ambition que celle d'être aimé. Ensuite il n'était pas homme de cour, et on n'obtenait déjà plus rien sans se donner beaucoup de peine. Puis vinrent pour Bonaparte des préoccupations sérieuses. L'affaire de Pichegru, Moreau et Georges, celle du duc d'Enghien, et ces événements expliquent le mouvement qui se fit dans son esprit pour rapprocher de lui les noms du passé, puis pour les en éloigner, puis enfin pour les rapprocher encore et se réconcilier avec eux.

Mon père obtint d'autant plus facilement de sa mère une lettre pour le général Dupont, qu'elle croyait tout rompu avec Victoire, et qu'elle espérait voir arriver son cher Maurice à Nohant après quelques jours consacrés à faire des tentatives d'avancement à Paris. Je ne saurais dire quelles résolutions il avait formées à cet égard, mais son caractère est ordinairement si sincère et même si ingénu que je crois très-fort à son projet réel d'aller embrasser promptement sa mère. Il comptait seulement voir son amie à Paris, la consoler sans doute de la douleur de leur séparation à Charleville, et s'arracher de ses bras pour y revenir bientôt. Mais sans doute il la trouva sur le point de devenir mère, triste, effrayée, malade peut-être. Alors sacrifiant tout à un amour sérieux, et les tendres exigences de sa mère, et ses espérances d'avancement militaire, il resta cinq mois à Paris, écrivant toujours, ayant l'air de s'occuper beaucoup de ses affaires, promettant chaque semaine d'arriver à Nohant la semaine suivante, et, en fait, ne pouvant s'arracher à sa passion, ne le voulant plus probablement. Peut-être le général Dupont s'était-il interposé aussi à Charleville pour faire partir Victoire, car il y a quelque part dans la correspondance une lettre de lui où, en rendant justice à la conduite de la *jeune femme*, il exprime à ma grand'mère la crainte de voir Maurice *faire quelque folie*, et par là il entend sans doute un mariage d'amour.

Voici quelques fragments des lettres de mon père écrites de Paris du 15 frimaire au 5 floréal.

Frimaire an XI (décembre 1802).

. . . .
Il y a beaucoup d'étrangers et de livrées dans les rues. Les portes des gens en place sont inabordables. C'est tout comme *autrefois*. Quoi qu'on en dise, le peuple n'en est ni plus heureux, ni plus content. Hier, dans une querelle à la chasse, le général Lecourbe a tué un homme. Deux heures après les habitants de Corbeil se sont portés à sa maison de campagne et l'ont massacré. Cette nouvelle a

consterné tout Paris et surtout le château. Il y a quatre jours, au tirage des conscrits de la section des Gravilliers, il y a eu rébellion de leur part, désarmement de la garde ; renfort arrivé, combat, et douze hommes de tués. Tout cela n'est pas fort gai. . . . .

Je ne sais pas ce que c'est que cette aventure tragique du général Lecourbe. Aucun des ouvrages que je puis consulter n'en fait mention. Il est certain qu'il ne fut pas tué là, et peut-être ce que mon père raconte est-il un bruit sans aucun fondement. Peut-être aussi l'affaire arriva-t-elle comme il la rapporte, sauf la gravité de la catastrophe finale. Plusieurs de mes lecteurs, en consultant leurs souvenirs, en sauront sans doute plus que moi là-dessus. L'événement n'a pourtant rien d'invraisemblable. Le général Lecourbe habitait alors la campagne aux environs de Paris. Il était sans emploi, et ne reparut sur la scène que pour défendre avec chaleur le général Moreau, accusé en 1803. Sa disgrâce semble antérieure à cet acte d'attachement envers un ami malheureux, et elle dura ensuite autant que le règne de Bonaparte. Lecourbe était un héros à la guerre ; son énergie au milieu des soldats révoltés qu'il faisait rentrer dans le devoir à coups de sabre[1] était une vertu militaire qui ne le disposait pas beaucoup, on peut croire, à l'exercice des vertus civiles, et il faut bien dire qu'en général ces guerriers couverts de gloire conservaient souvent dans la vie privée des allures proconsulaires. Je n'ai rien à affirmer non plus sur l'anecdote des conscrits de la section des Gravilliers. Ce sont des détails qu'on ne retrouverait probablement pas dans les journaux du temps, tous rigoureusement soumis à la censure directe du maître. Nous n'avons pas encore une histoire complète de l'empire. Celle de M. Thiers, que je consulte comme la plus détaillée et la plus sérieuse sur beaucoup de points, ne s'occupe pas des mœurs et de l'opinion autant qu'il le faudrait. Elle indique à peine les mécontentements du peuple, et elle n'explique jamais ceux de l'armée d'une manière satisfaisante. M. Thiers fait trop de flatterie au grand homme, qu'il place avec raison au premier plan, en supposant que tous les hommes qui avaient concouru à ses éclatants triomphes étaient d'aveugles ambitieux. Il ne leur attribue point d'idées qui lui paraissent dignes d'examen et de discussion, et pourtant il serait fort important de savoir quels vestiges de croyance républicaine la révolution avait laissés

---

[1] Cela lui arriva notamment à Zurich dans la campagne de 1799. Les soldats se révoltaient pour défaut de paye.

dans l'esprit de ces hommes condamnés à se taire et à obéir. Je demande qu'on fasse l'histoire des disgraciés de Napoléon, et j'appellerais volontiers ceux d'entre eux qui sont restés fidèles à leurs premières idées à nous raconter eux-mêmes aujourd'hui leur vie et leurs sentiments sous l'empire. Cela manque à la philosophie de l'histoire de l'empire. Toute la portée, toute la vérité d'une époque n'est pas dans le récit officiel des événements généraux, tels que la guerre, la législation, la diplomatie et les finances.

SUITE

DES FRAGMENTS DE LETTRES.

Paris, du 18 frimaire an XI (décembre 1802).

. . . .
. . . . J'ai enfin vu Caulaincourt, et ce n'est pas sans peine; mais, ma foi, j'ai été bien inspiré de compter sur l'oubli de nos petites rancunes. A peine m'eut-il reconnu qu'il embrassa cordialement l'ancienne ordonnance du père Harville. Il me demanda de tes nouvelles avec un vif intérêt, et à peine lui eus-je dit que je désirais entrer dans la garde, qu'il

ne me donna pas le temps de lui demander de m'y aider. Il s'y offrit, et s'en chargea avec un empressement fort aimable. Il m'a demandé mes états de service et promis de son propre mouvement de les présenter et de les faire lire demain au premier consul, à Saint-Cloud. Il m'a surtout recommandé de mettre en toutes lettres et fort apparentes, sur ma demande, que je suis le petit-fils du maréchal de Saxe, m'assurant qu'il le fallait pour réussir. Mais la Suisse, mais Marengo? lui disais-je. Bien, bien, m'a-t-il répondu, le *présent* est beaucoup, mais le *passé* a une grande importance aujourd'hui. Parlez du héros de Fontenoy et ne négligez rien de ce côté-là. Bien m'avait pris d'avoir été dîner la veille chez Ordener et d'en avoir été reçu à bras ouverts, car il m'a demandé comment j'étais avec lui, et sur ma réponse, il m'a assuré que tout cela irait sur des roulettes. . . . .

―――――

Paris, du 29 frimaire.

. . . .

Auguste[1] a pris hier le costume grave de son emploi de trésorier de la ville de Paris. Il avait

―――
[1] Auguste de Villeneuve, son neveu.

l'habit noir, l'épée, la bourse, et, dans cet équipage, il nous a fait mourir de rire. Il a toujours une figure superbe à qui tout sied, et il porte très-bien ce costume, mais c'est si drôle de voir reparaître les habits de jadis ! René veut être préfet du palais et sa femme dame d'honneur. Je l'ai fait enrager hier en lui disant que pour le coup *ces dames* ne la verraient plus que de mauvais œil. Mais le premier consul a été si aimable et si galant avec elle, qu'elle subit le commun prestige, et finit par avouer que tous ces grands seigneurs sont fiers et insolents. Ils le sont d'autant plus, pour la plupart, qu'ils recherchent aussi la faveur du maître.

Madame de G*** est toujours en position d'oraison funèbre et ne parle de son époux défunt que la larme à l'œil. Barrère brochant sur le tout, c'est édifiant ! . . . .
. . . .

Du 12 nivôse an XI (janvier 1803).

. . . . Je t'envoie un chapeau de castor gris du dernier genre. Je l'ai choisi dans une caisse arrivant de Londres. C'est très-chaud, et c'est la mode *effrénée*.

René a été à Saint-Cloud voir madame Bonaparte.

Apolline y est reçue on ne peut mieux, la mémoire de M. de Guibert est là en grande vénération. Tu vois bien qu'on fait la cour au passé.

J'ai vu le père Harville, qui m'a fait un meilleur accueil qu'à l'hospice du Saint-Bernard. Il a eu le temps de se dégeler. . . . . Je me recommande au souvenir du maire, dont l'image m'est toujours chère et présente.

(Suit une *illustration* libre représentant la tête de Deschartres coiffée d'oreilles d'âne.)

Du 18 nivôse.

Tu as dû recevoir tes chapeaux. C'est moi maintenant qui vais te faire une demande, c'est de m'envoyer bien vite la garniture de boutons d'acier à tête de diamants qui vient de mon père. René, ébloui encore de l'éclat qu'ils jetaient en 89, me demande de les lui prêter pour les mettre sur un habit de velours *lavande* qu'il prépare pour aller faire sa cour à Saint-Cloud. C'est même moi qui lui ai offert cet *éclatant* service.

B***[1] va avoir une place qui rapporte quarante mille livres par an. Ce que c'est que la cour! Le

---

[1] Il serait inutile de chercher des noms sous les initiales. Je change les initiales à dessein, ne voulant *molester* aucun individu sans utilité.

tout en raison du nom de ses pères; car il est notoire qu'il en a eu plus d'un. Quant à Dupont, qui est fou, mais qui est brave (on ne peut pas lui refuser cela), et qui, certes, s'est admirablement comporté en Italie, non-seulement il n'est pas invité, mais encore il est reçu froidement. Je dis vingt fois par jour : *C'est comme autrefois,* et la révolution n'a rien changé. Hélas! où sont nos rêves de 89! où sont mes longues rêveries de Passy? où sont les neiges d'antan? Le luxe est semblable à celui de l'ancienne cour, épées, habits de velours, vestes brodées, livrées, carrosses, etc. . . . .

J'ignore le sort de ma demande au premier consul; je n'ai pas pu rejoindre Caulaincourt depuis notre première entrevue; je n'aime pas à obséder, j'attends. Apolline a parlé de moi chez le premier consul; Ordener se trouvait là, et a fait mon éloge à Eugène Beauharnais et à Clarke. . . . . J'ai enfin vu d'Andrezel, et j'ai dîné hier chez madame de la Marlière avec l'abbé de Prades.

. . . .

Paris, du 2... nivôse.

T*** est au faîte de la faveur. Buonaparte lui a envoyé hier son aide de camp le Marrois pour lui demander en propres termes quelle place il veut avoir. Je m'en réjouis pour lui, il est si bon et si aimable que je suis heureux de le voir content. Mais n'est-il pas étrange qu'on obtienne de belles places, à son propre choix, sans être sorti de sa chambre? Sais-tu l'effet que cela me fait? Cela me donne une furieuse envie de quitter la partie et d'aller planter nos choux. C'est ce que je ferai certainement si la guerre ne recommence pas bientôt; car je veux bien servir la France, mais je ne suis pas propre à servir dans une cour. Je suis las d'avoir couru le monde et de m'y être ruiné pour arriver à cette certitude que j'aurais mieux fait pour ma fortune de me morfondre dans les antichambres. L'état militaire est si avili aujourd'hui que je n'ose plus mettre l'uniforme dont j'étais si fier il y a un an. Nous ne pouvons plus même assister à la parade. On ne nous laisse pas seulement entrer dans la cour. Pour ma part, je n'y ai pas essayé, et je ne m'exposerai jamais à de tels affronts. Marengo est bien loin! Je radote, ma bonne mère, je suis toujours dans mes sottes idées de justice et de véritable grandeur. Ah! qu'il est dur de renoncer si vite aux rêves de la jeunesse! . . . .

. . . .

Paris, le 12 pluviôse (février 1803).

. . . . Ne me gronde pas, j'agis du mieux que je peux. Mais comment faire pour réussir quand on n'est pas né courtisan? J'ai revu Caulaincourt hier. Il m'a fait déjeuner avec lui; il m'a dit qu'il avait mis lui-même ma demande dans le portefeuille du premier consul, et même qu'il lui avait parlé de moi, mais que celui-ci lui avait répondu : *Nous verrons cela.* C'est peut-être bien un refus anticipé. Que veux-tu que j'y fasse? C'est Buonaparte lui-même qui m'a fait entrer dans l'état-major, et c'est Lacuée qui me l'a conseillé. A présent, Lacuée dit que cela ne vaut pas le diable; et Buonaparte ne nous permet pas d'en sortir. Ce sera une grande faveur si cela m'arrive, mais je ne suis pas homme à me mettre à plat ventre pour obtenir une chose si simple et si juste. Je n'ose pourtant pas y renoncer, car tout mon désir est de me fixer à Paris si la paix continue; comme cela, nous nous arrangerions pour que tu vinsses y passer les hivers et nous ne vivrions pas éternellement séparés, ce qui rend mon état aussi triste pour moi que pour toi-même. Je n'y mets ni *insouciance* ni *lenteur*. Mais tu ne m'as pas élevé pour être un

CHAPITRE SIXIÈME.

courtisan, ma bonne mère, et je ne sais pas assiéger la porte des protecteurs. Caulaincourt est excellent pour moi, il a recommandé devant moi à son portier de me laisser toujours entrer quand je me présenterais, à quelque moment que ce fût; mais il sait bien que je ne suis pas de ceux qui abusent, et s'il veut me servir réellement il n'a pas besoin que je l'importune.

Je vais ce soir chez le général Harvilie, c'est son jour de réception. J'y vais chapeau sous le bras, culotte et bas de soie noire, frac vert! C'est à présent la *tenue militaire!*

. . . . . Ne me dis donc plus que tu vas tâcher de penser à moi le moins possible. Je ne suis déjà pas si gai! Et que veux-tu que je devienne si tu ne m'aimes plus?. . . . .

Paris, du 27 pluviôse.

. . . .
. . . J'ai revu chez ***, à un fort beau souper qu'il a donné, madame de Tourzelles, et j'en ai été enchanté. Quant au reste, tant mâles que femelles, c'est toujours la même nullité, la même sottise. Le *grand monde* n'a point changé et ne changera point.

J'en excepte quelques-uns seulement, et surtout Vitrolles, qui a de l'esprit et du caractère[1].

En d'autres lieux, où on ne vise pas à la grandeur, on vise au bel esprit. Il n'y a pas jusqu'à F*** qui ne soit devenu *sensible* et *réfléchi*. Chez lui on ne parle que par sentences morales, et, au fond, on se soucie de tout cela comme d'un fétu. Mais c'est un genre. — J'ai reçu la lettre de maître Aliboron Deschartres. Elle est aussi aimable que lui, ce n'est pas peu dire.

. . . .

———

Paris, du 7 ventôse.

Caulaincourt a reparlé de moi au premier consul. Il avait égaré ma demande et lui en a redemandé une autre. Est-ce à dire que je dois espérer? Ah! si le grand homme savait comme j'ai envie de l'envoyer paître, et de ne plus me ruiner sans gloire à son service! Qu'il nous donne encore de la gloire s'il veut faire sa paix avec moi. Le malheur est que cela lui est parfaitement égal pour le moment.

. . . . . . J'ai été passer la soirée chez Camba-

---

[1] Avec sa légèreté apparente, mon père jugeait très-bien les hommes. M. de Vitrolles est un des rares *hommes* du parti royaliste, en effet, pour l'esprit et le caractère.

cérès. Toute l'Europe était là, je crois. On a compté quatre cents voitures sur le Carrousel. Ce qu'il y a de remarquable, c'est l'accueil empressé que font les étrangers aux militaires français, tandis que messieurs de l'ancienne cour les décrient, et que messieurs de la nouvelle les dédaignent. Pour s'en venger, les uns et les autres prétendent que les étrangers recherchent la mauvaise compagnie. N'est-ce pas plaisant? Ainsi la duchesse de Gordon et la princesse d'Olgorouky vont s'*encanailler* chez Cambacérès.

..... J'ai revu avec une joie extrême notre ancien et fidèle ami Heckel. Cela m'a consolé du reste. J'embrasse Jean-Louis-François Deschartres. O ma bonne mère, sois certaine que je t'aime!

Du 16 ventôse.

Je t'assure que mes affaires sont dans le meilleur train possible, et que si personne ne me nuit dans l'esprit du premier consul au moment où ma demande lui sera présentée, je ne vois pas du tout pourquoi il ne l'admettrait point. Madame de Lauriston m'a recommandé elle-même à son fils, qui doit, à son premier travail avec le premier consul, exhiber ma supplique. Caulaincourt, que j'ai encore vu, me confirme dans la certitude que je ne puis pas échouer. En attendant, puisque tu me reproches mon humeur sauvage, je vais un peu dans le monde. Avant-hier j'ai été présenté par Auguste chez le consul Lebrun. Il y avait foule dans le salon, et j'étais forcé de me tenir derrière Auguste au moment où il débita sa phrase : « J'ai l'honneur de vous présenter mon oncle, aide de camp, etc. » A ce début, Lebrun prit un maintien grave pour recevoir ce digne oncle qu'il cherchait des yeux. Je réussis alors à m'avancer pour faire ma révérence. Il était si stupéfait qu'il songeait à peine à me la rendre. Enfin, après m'avoir regardé avec attention, il nous partit au nez d'un grand éclat de rire en nous demandant lequel de nous était l'oncle ou le neveu. Il eut beaucoup de peine à se persuader que j'étais le plus âgé, et il fut très-aimable dans sa gaieté. De là nous fûmes chez Cambacérès, où c'était à mon tour de présenter Auguste comme mon neveu, et la même scène recommença. Cambacérès m'a invité à dîner pour jeudi. Je n'aurai garde d'y manquer, car ses dîners ont une grande réputation de gueule. J'ai revu hier Georges Lafayette, qui m'a présenté à sa femme, mademoiselle de Tracy. Il arrive d'Italie. J'ai revu aussi madame de Simiane, sœur de M. de Damas, avec lequel j'ai été en relation à Rome, et j'ai fait sa conquête en lui parlant de son frère.

Quand cette éternelle réponse du premier consul m'arrivera, et maintenant c'est bientôt, j'espère, je pars au triple galop pour aller t'embrasser et pour te dire que je t'aime cent fois plus que tu ne crois.

Du 28 ventôse (mars 1803).

. . . .
Je vois souvent mon ami Heckel. Comme il demeure fort loin, nous faisons chacun la moitié du chemin; nous nous joignons aux Tuileries, et là nous arpentons tout le jardin en babillant et en raisonnant à perte de vue. C'est vraiment l'homme le plus instruit et le plus éloquent que j'aie jamais rencontré, et il a des sentiments si nobles, que je me sens toujours meilleur quand je le quitte que quand je l'aborde. Il sollicite en ce moment une place de proviseur dans un lycée; je ferai présenter sa note à Buonaparte par Dupont. Réussirai-je? Je me ferais volontiers *intrigant* pour l'amour de ce digne homme, mais l'esprit du gouvernement est de ne donner qu'à ceux qui ont déjà, et c'est assez l'histoire de tous les grands pouvoirs. . . . .

Le vendredi saint.

. . . .

René a donné ces jours-ci un très-beau déjeuner où étaient Eugène Beauharnais, Adrien de Mun, milord Stuart, madame Louis Bonaparte, la princesse Olgorouky, la duchesse de Gordon, madame d'Andlaw et lady Georgina, nièce de la duchesse de Gordon. Cela se faisait à l'intention d'Eugène, qui est amoureux et aimé de lady Georgina, laquelle passe dans le grand monde pour un astre de beauté. Il ne lui manque pour mériter sa réputation que d'avoir une bouche et des dents. Mais sur cet article Eugène et elle n'ont rien à se reprocher. La duchesse ne demanderait pas mieux que de la lui faire épouser, mais le cher beau-père Buonaparte n'entend point de cette oreille-là. La tante va partir pour l'Angleterre et les amants se désolent. Voilà comment la grandeur rend les gens heureux. En sortant de table, nous allâmes nous promener au jardin des plantes, les uns en voiture et en boghei, les autres dans la calèche à quatre chevaux de la duchesse. Nous vîmes tout dans le plus grand détail. Eugène distribuait des louis à tort et à travers, comme un autre eût donné douze sous. Il nous fai-

CHAPITRE SIXIÈME.

sait les honneurs, et c'est tout au plus s'il ne disait pas, au lieu du jardin *du roi*, le jardin de *mon père*.

A la suite de la promenade, la duchesse de Gordon donna à la Râpée un dîner dont ni Eugène, ni René, ni Auguste, ni moi, ne fûmes priés. Vers le milieu du repas, la princesse Olgorouky reçut un billet de madame de Montesson, qui l'invitait à venir chez elle le soir même parce qu'elle avait un concert : Paësiello, et mademoiselle Duchesnois qui déclamerait. Aussitôt les morceaux trop hâtés se pressent dans la bouche de la princesse. Elle demande ses chevaux et part. Arrivée chez elle, elle se couvre de diamants, et arrive tout essoufflée chez madame de Montesson à neuf heures du soir. D'abord le portier ne veut pas la laisser monter. Elle se dit invitée, se nomme, monte et trouve madame de Montesson entre deux bougies, devant sa cheminée et prête à se coucher. Grand étonnement, explication de part et d'autre. C'était un poisson d'avril envoyé par quelques *polissons* qui n'étaient *pas de la société*, et je rougis d'avouer que je connais beaucoup ces *misérables*.

Le lendemain, jour de la grande parade, Auguste et René reçurent un avis qu'ils prirent pour une attrape du même genre, mais qui ne se termina pas d'une manière aussi comique. On vint leur dire que M. de la Villeleroux, descendant le grand escalier des Tuileries, s'était laissé tomber au milieu de tous ses collègues et s'était blessé. Ils y coururent en riant, pensant à un poisson d'avril, mais ils le trouvèrent mort dans la salle des Ambassadeurs, entre les mains du conseiller d'État Fourcroy, qui, pour ne pas manquer l'occasion d'une expérience, s'était mis en devoir de le galvaniser, ce qui n'aboutit qu'à lui faire faire d'effroyables grimaces. Il avait été frappé d'apoplexie foudroyante. Il a été enterré hier à Saint-Roch avec toute la pompe sénatoriale. Quant à la veuve, elle jeta les hauts cris le premier jour, le lendemain elle s'occupa beaucoup de sa robe et de sa chatte, qui faisait des petits. Le jour de l'enterrement elle était toute consolée et riait de la figure des passants qu'elle voyait par sa fenêtre. Ce qu'on peut croire de mieux sur son compte, c'est qu'elle est folle, ma pauvre sœur[1].

Bonaparte va partir dans quelques jours pour Bruxelles ; si je n'obtiens pas de réponse avant son départ, je cours t'embrasser de toute mon âme et de toutes mes forces.

---

[1] Mademoiselle Dupin, fille du premier mariage de mon grand-père, mariée à M. de Villeneuve, et en secondes noces à M. de Villeleroux.

CHAPITRE SIXIÈME.

Du 29 germinal (avril).

Je pars dans trois jours pour Chenonceaux avec René, envoie-moi les chevaux jusqu'à Saint-Agnan, et dans cinq jours je suis dans tes bras. Oui, oui, il y a bien longtemps que je devrais y être. Tu en as souffert, moi aussi! Tu vas me promener dans tes nouveaux jardins et me prouver que la grenouillère est devenue le lac de Trasimène, les petites allées des routes royales, le pré une vallée suisse, et le petit bois la forêt Hercinia. Oh! je ne demande pas mieux! Je verrai tout cela par tes yeux, je le verrai en beau, puisque je serai près de toi!

CHAPITRE SEPTIÈME

Séjour à Nohant, retour à Paris et départ pour Charleville. — Bonaparte à Sedan. — Attitude du général Dupont devant Bonaparte. — Le camp de Boulogne. — Coup de vent à la mer. — Canonnade avec les Anglais. — Le général Bertrand. — Fête donnée à madame Soult au camp d'Ostrohow. — Le général Bisson. — Boutades contre Deschartres. — Adresse de l'armée à Bonaparte pour le prier d'accepter la couronne impériale. — Ma mère au camp de Montreuil. — Retour à Paris. — Mariage de mon père. — Ma naissance.

Après avoir passé trois mois auprès de sa mère, qu'il accompagna aux eaux de Vichy, mon père, rappelé par un arrêté des consuls qui prescrivait à tous les généraux de réunir leurs subordonnés autour d'eux, revint à Paris, où l'on commençait à parler de l'expédition d'Angleterre; mais mon pauvre père n'avait aucune envie d'aller rejoindre Dupont à Charleville, et ne songeait qu'à faire l'école buissonnière. Sa vie était désormais tout absorbée dans l'amour. Dans cette situation morale, il n'était guère à même de faire des démarches fructueuses : il y porta plus que jamais de la tiédeur et en parla

beaucoup plus à sa mère pour motiver son séjour à Paris auprès de Victoire, qu'il n'en fit de réelles et de sérieuses. En messidor an XI (juillet 1803), il écrivait à sa mère que son ami Delaborde, premier aide de camp de Junot, avait essayé de le faire agréer de ce général comme aide de camp en second : mais que Junot avait répondu ne vouloir prendre que des aides de camp de quarante ans. Cette belle réponse a fait sauter Delaborde au plancher, et il s'est écrié tout en colère : « Que diable, vous voulez donc
» avoir votre père pour aide de camp ? » . . .

Le 1er thermidor, il écrivait : « Quoi que tu en
» dises, il n'y a point d'amis à la cour. Il n'y a pas
» même de camarades, et tel qui a recherché votre
» amitié et votre aide dans les mauvais jours vous
» regarderait du haut en bas si vous aviez l'air de
» vous en souvenir. » . . . .

. . . .

. . . . . « Franceschi, premier aide de camp
» de Masséna, veut que je retourne mes batteries
» du côté de ce général, qui va commander l'armée
» des côtes ou celle du Portugal, et j'aimerais beau-
» coup mieux cela que d'aller à Charleville décou-
» per les gigots de Dupont. »

Là-dessus Maurice prie sa mère de l'aider par ses lettres à faire croire au général Dupont qu'il a la fièvre tierce. Il est certain qu'il ne veut pas quitter Paris pour parader dans une garnison tranquille *où il n'y a pas une amorce à brûler,* et qu'il ne s'arrachera à ses amours *qu'au premier coup de fusil tiré contre l'ennemi.*

Les alarmes de la mère se réveillent, car elle devine ou pressent la cause de cette répugnance à rejoindre le général. Elle ne s'effraye plus de l'idée d'un mariage contraire à ses vœux. Elle n'y croit plus, parce que la passion a persisté sans s'abriter sous un contrat. Mais elle se sent une rivale dans le cœur de son cher enfant, et elle ne s'en console pas.

« Un article de ta lettre m'a profondément affligé,
» ma bonne mère. Tu crois que quelqu'un cherche
» à détruire dans mon cœur l'amour filial que je te
» porte. Ce quelqu'un-là serait bien malavisé et bien
» mal reçu, je te le jure. Je donne un démenti for-
» mel à quiconque t'a fait ce mensonge. Ne vois que
» par tes yeux, ma mère, je t'en supplie. Ils sont si
» bons et si justes! N'écoute jamais que le langage
» de mon cœur, et ne consulte que le tien. De cette
» manière nous nous entendrons toujours contre ceux
» qui voudraient inquiéter et troubler le bonheur
» de notre mutuel amour. Quant à nos affaires d'ar-
» gent, je ne veux pas que tu m'en parles ni que tu
» me consultes sur quoi que ce soit. Je regarde l'ar-
» gent comme un moyen, jamais comme un but.
» Tout ce que tu feras seras toujours sage, juste,
» excellent à mes yeux. Je sais bien que plus tu

» auras, plus tu me donneras : c'est une vérité que
» tu me démontres tous les jours ; mais je ne veux
» pas que pour quelques arpents de terre de plus ou
» de moins tu te prives de la moindre chose. L'idée
» d'*hériter* de toi me donne le frisson, et je ne peux
» pas me soucier de ce qui sera après toi, car après
» toi il n'y aura plus pour moi que douleur et soli-
» tude. Le ciel me préserve de faire des projets pour
» un temps que je ne veux pas prévoir et dont je
» ne peux pas seulement accepter la pensée ! »

SUITE DES LETTRES.

FRAGMENTS.

Du 4 thermidor.

. . . . . Madame de Bérenger ne veut pas agir auprès de Masséna sans ton autorisation. Elle dit que s'il m'arrivait malheur dans ce poste tu le lui reprocherais toute sa vie. N'aie donc pas de ces craintes-là : tu sais bien qu'il ne m'arrive rien et que je n'attrape jamais une égratignure. Songe que je ne puis et ne veux solliciter qu'un poste où il y aura de l'honneur à recueillir. Je ne remuerai pas un doigt pour de l'argent et des vanités.

Du 10 thermidor.

. . . .

Je pars pour Sedan, où Buonaparte va passer, et où nous devons aller à sa rencontre le 18 ou le 20. Malgré *ma fièvre* j'y serai à temps. J'ignore si de son entrevue avec Dupont il résultera quelque chose de bon pour moi. J'en doute, je ne suis pas en veine de réussite. Depuis trois ans je suis lieutenant, et tous mes camarades sont avancés. Apparemment ils savent s'y prendre mieux que moi, car j'ai fait autant qu'eux, et plus même que certains d'entre eux. Masséna m'a promis de me prendre pour son aide de camp, et je reviendrai lui rappeler sa promesse dès que j'aurai fait mon acte de présence à Sedan sous les yeux *du maître.*

Que ta lettre est bonne! Tous les événements de la vie me sont à peu près indifférents, pourvu que tu m'aimes et que tu ne doutes pas de moi. Aussi je m'en vais le cœur content et plus occupé de tes bontés que de mes projets.

CHAPITRE SEPTIÈME.

Charleville, du 15 thermidor (août 1803).

. . . .

Je suis arrivé hier; j'ai trouvé Dupont très-goguenard et fort peu touché de *ma fièvre.* Nous attendons Buonaparte d'un moment à l'autre. Il n'y a rien de plaisant comme la rumeur qui règne ici. On n'en ferait pas tant pour Dieu même. Les militaires se préparent à la grande revue. Les administrateurs civils composent des harangues. Les jeunes bourgeois s'équipent et se forment en garde d'honneur. Les ouvriers décorent partout, et le peuple baye aux mouches. Nous avons réuni à Sedan trois régiments de cavalerie et quatre demi-brigades. Nous ferons l'exercice à feu et nous manœuvrerons dans la plaine. C'est tout ce qu'il y aura de beau, car le reste est fort mesquin et arrangé sans goût. L'illumination du premier jour absorbera toutes les graisses et chandelles de la ville; heureusement pour le lendemain qu'il fait clair de lune.

Je profiterai de l'occasion pour faire demander par Dupont au premier consul une lieutenance dans sa garde, et comme il n'a encore jamais rien demandé pour moi, peut-être voudra-t-il s'en charger. Mais je ne me flatte pas du bonheur de vivre à Paris et de t'y amener. C'est un trop beau rêve. Je ne suis pas homme à réussir en temps de paix. Je ne suis bon qu'à donner des coups et à en recevoir; présenter des placets et obtenir des grâces n'est pas mon fait. Dupont n'est pas du tout enthousiasmé de l'idée d'une descente en Angleterre. Soit humeur, soit défiance, il n'a pas le désir de s'en mêler. J'ai vu Masséna à Rueil le matin de mon départ pour Sedan, et il m'a presque promis, en cas de descente, que nous voguerions de compagnie. Voilà mon plan : faire la guerre ou rester à Paris, car la vie de garnison m'est odieuse.

Je crains, ma bonne mère, que cette sécheresse excessive ne te fasse souffrir. Tu es si bonne que tu ne me parles que de moi dans tes lettres, et je ne sais pas comment tu te portes. . . . . . .

. . . .

De Paris, le 8 fructidor an XI.

. . . .

Dupont m'avait fait les plus belles promesses, il ne les a pas tenues. Pendant huit jours qu'il a passés avec le premier consul il n'a pas trouvé une minute pour lui parler de moi. Caulaincourt, qui accompagnait Buonaparte à Sedan et qui m'a témoigné beaucoup d'amitié, m'avait dit en y arrivant : « Eh bien ! voilà une belle occasion pour vous faire proposer par votre général ! » En partant il a été stupéfait de l'indifférence de Dupont pour nous tous. Alors il s'est ouvert à moi sur les fluctuations d'idées du premier consul. Ainsi, quand, cet hiver, il lui a demandé pour moi une lieutenance dans sa garde et qu'il m'a proposé comme petit-fils du maréchal de Saxe, Buonaparte lui a répondu : *Point, point, il ne me faut pas de ces gens-là.* A présent il paraît que ce titre me servirait au lieu de me nuire, parce que le premier consul a déjà changé de manière de voir. Peut-être que dans quelque temps ce sera autre chose. Ainsi, tu vois ce que c'est, ma bonne mère, que de dépendre de la politique ou du caprice d'un seul homme. C'est comme *autrefois*. Les services et le mérite ne comptent pas. On s'occupe du nom que vous portez, et rien de plus. Ainsi, Caulaincourt, sans le savoir et sans le vouloir, m'a nui en me signalant comme le petit-fils du maréchal. Buonaparte s'est trouvé républicain ce jour-là. Mais comme il ne le sera plus demain probablement, toutes ces demandes me fatiguent et me dégoûtent beaucoup. On n'est qu'un mince militaire, mais on a le sentiment de sa propre dignité tout comme un chef d'État.

En outre, il nous a fait à Sedan une étrange avanie. Figure-toi qu'après nous avoir fait manœuvrer pendant quatre heures, suer sang et eau à porter des ordres, au moment de défiler, Dupont se mit l'épée à la main à la tête de la manœuvre. L'ordonnance indique notre place à côté du général lorsqu'on défile; eh bien! Dupont nous donna l'ordre de nous retirer, nous assurant que c'était par celui du premier consul, de sorte que nous décampâmes au moment de paraître en corps devant lui. Il est impossible de nous dire plus clairement que nous sommes considérés comme ne faisant point partie de l'armée, et il vaudrait mieux être tambour ou conscrit qu'aide de camp, puisqu'un aide de camp est réputé apparemment valet de pied du général. Tu conçois que j'ai de ce métier par-dessus les yeux, et j'ai quitté Dupont sans tambour ni trompette, approuvé de tous mes camarades, qui avaient bonne envie d'en faire autant. C'est malgré lui et par malice que nous l'avons accompagné dans sa visite officielle au premier consul. Il trouvait qu'il y avait déjà trop de lui-même, et cela me fait l'effet d'une flatterie muette envers le maître, devant lequel on s'annule et on se présente sans suite comme un pauvre diable en face du soleil. Enfin, je n'en sais rien, Dupont est brave à la guerre; en temps de paix, c'est un poltron, et je le quitte. J'en suis d'autant plus enchanté que je pourrai aller te presser dans mes bras. La place que j'occupe dans ton cœur vaut mieux que celle que je perds. Je vais tenter autre chose, car je ne veux pas cesser de servir mon pays ; mais si l'on me rattrape au métier d'aide de camp, ce sera avec un général en chef commandant une expédition.

Dégoûté, comme on vient de le voir, d'être attaché à l'état-major, Maurice fait, dès les premiers jours de l'an XII, des tentatives sérieuses pour rentrer dans la ligne. Dupont se repent de l'avoir blessé et présente une demande pour lui obtenir le grade de capitaine. Lacuée apostille sa demande. Caulaincourt, le général Berthier, M. de Ségur, beau-père d'Auguste de Villeneuve, font des démarches pour le succès de cette nouvelle entreprise, et cette fois c'est un motif sérieux pour que Maurice reste à Paris. Il écrit toujours assidûment à sa mère, mais il y a dans ses lettres tant de raillerie contre certaines personnes qui font le métier de courtisan avec une rare capacité, que je ne puis les transcrire sans blesser beaucoup d'individualités, et ce n'est pas mon but. Cependant, sans nommer les masques entièrement, je rapporterai celle-ci, qui n'est que plaisante :

« Maître Philippe est toujours fort content de
» lui-même. Roland se trouvait à l'armée des Gri-
» sons avec lui, et comme il était de l'état-major
» de Macdonald, il ne l'a pas quitté. Il m'a juré

» que ledit Philippe n'avait jamais entendu tirer
» un coup de fusil. Il est pourtant capitaine et de
» la Légion d'honneur. Aussi fait-il l'important, se
» croit homme de guerre, et raisonne sur le métier
» comme une pantoufle. On l'admire. Je l'ai un
» peu raillé l'autre jour. Il disait d'un ton doctoral
» que les dragons mettaient souvent pied à terre
» dans les batailles. Je le savais bien, mais je pré-
» tendais que non, et je le défiais de me citer une
» affaire quelconque *où il eût vu cela*. Il ne com-
» prenait pas et allait son train. Tout le monde
» riait, et lui seul ne s'est pas aperçu du lardon. »

A une date postérieure, il y a dans la même correspondance une autre anecdote sur le même personnage que je rapprocherai de celle-ci.

De vendémiaire an XIII.

L'empereur a passé onze régiments en revue à Compiègne. Philippe, qu'on avait envoyé la veille pour faire faire les lits, n'a jamais voulu me dire en montant en voiture où il allait. Il paraissait frappé de l'importance de sa mission et s'envelop-pait dans ses discours du voile du mystère. On eût dit que de sa démarche dépendait le sort de l'État. — « Mais où vas-tu? — Je ne puis te le dire. — Quand reviendras-tu? — Je n'en sais rien, en vérité! » On pouvait croire qu'il allait courir de grands dangers. Au fait, il est revenu avant-hier, se plaignant de l'excès de ses fatigues, harassé, rendu, couvert de poussière. « Ton cheval doit être sur les dents? — Non, mon ami, je ne l'ai pas monté. — Ceux de l'empereur donc? — Encore moins. — Et de quoi es-tu si courbaturé? — C'est que j'ai monté et descendu les escaliers plus de cent fois. » Revenir d'une manœuvre de dragons et avoir passé son temps à dégringoler les escaliers, voilà qui est bien guerrier, et ce jeune homme ira loin. Il est de la Légion d'honneur sans avoir fait la guerre. C'est ce qui me console.

Mon père n'obtint rien, et sa mère eût désiré en ce moment qu'il renonçât au service. Mais la voix de l'*impitoyable honneur* lui défendait de se retirer quand la guerre était sinon imminente, du moins probable. Il passa auprès d'elle les premiers mois de l'an XII (les derniers de 1803), et le projet de descente en Angleterre devenant de jour en jour en jour plus sérieux, comme on croit facilement à ce qu'on désire, Maurice espéra conquérir l'Angleterre et entrer à Londres comme il était entré à Florence.

Il alla donc rejoindre Dupont aux premiers jours de frimaire, et quitta Paris en écrivant à sa mère, comme de coutume, qu'il *n'y avait pas de danger* et que la guerre ne se ferait pas. « Je te prie de ne » pas t'inquiéter de mon voyage sur les côtes, je » n'y emploierai probablement pas d'autres armes » que la lunette. » Il en fut ainsi en effet, mais on sait comment Napoléon dut renoncer à un projet qui avait coûté tant d'argent, tant de science et de temps.

LETTRE PREMIÈRE

Du camp d'Ostrohow, 30 frimaire an XII (décembre 1803).

Me voilà encore une fois t'écrivant dans une ferme ou espèce de fief que j'ai érigé en quartier général, et y attendant de pied ferme le général Dupont. Ostrohow est un village charmant situé sur une hauteur qui domine Boulogne et la mer. Notre camp est disposé à la romaine. C'est un carré parfait. J'en ai fait le croquis ce matin ainsi que celui de la position des autres divisions qui bordent la mer, et j'ai envoyé le tout dans une lettre au seigneur Dupont. Nous sommes dans la boue jusqu'aux oreilles. Il n'y a ici ni bons lits pour se reposer, ni bons feux pour se sécher, ni grands fauteuils pour s'étaler, ni bonne mère aux soins excessifs, ni chère délicate. Courir toute la journée pour placer les troupes qui arrivent et dont les baraques ne sont pas encore faites, se crotter, se mouiller, descendre et remonter la côte cent fois par jour, voilà le métier que nous faisons. C'est la fatigue de la guerre, mais la guerre dépouillée de tous ses charmes, puisqu'il n'y a pas à changer de place et pas l'espoir du moindre coup de fusil pour passer le temps en attendant la grande expédition, dont on ne parle pas plus ici que si elle ne devait jamais avoir lieu. Ne t'inquiète donc pas, ma bonne mère, rien n'est prêt, et ce ne sera peut-être pas d'un an que nous irons prendre des chevaux anglais.

Tu ne peux pas te faire une idée de la pénurie qui règne ici. Il n'y a dans notre fief d'Ostrohow qu'un seul petit lit sans rideaux, que l'on réserve pour le général. J'ai fait chercher dans Boulogne pour les trois aides de camp, trois matelas et trois lits de sangle, tout est pris. Nous allons passer notre hiver sur la paille, et, en vérité, je ne m'en plains pas, quand je vois au camp nos malheureux soldats dans des baraques détestables, construites sur un terrain tellement marécageux, qu'elles s'affaissent par leur propre poids et rentrent dans la terre. Ils sont couchés littéralement dans la boue, et le nombre des malades sera bientôt incalculable. Je voudrais pouvoir faire pour mon lit de paille le miracle des cinq pains. mais le temps des miracles est passé [1].

Je voudrais bien tenir M. le maire Deschartres dans notre camp. Je le ferais piocher de la belle manière, et nous verrions quelle figure il ferait au bivouac avec son bonnet de coton, sa coiffe de nuit et sa rosette !

LETTRE II

Du 15 nivôse an XII (janvier 1804).

. . . . Plus la division s'augmente et moins nous avons de place. Nous allons, Morin, de Couchy et moi, partager stoïquement le sort de nos pauvres

---

[1] M. Thiers affirme que les soldats étaient fort bien abrités dans les baraques et qu'ils ne manquaient de rien. Telle devait être en effet l'intention de Bonaparte. Mais le fait n'est pas toujours conforme aux *états* de dépenses et aux projets sur le papier qui servent de matériaux à l'histoire officielle. Ce serait le cas de retourner ainsi le proverbe : *Les soldats meurent, les écrits restent.*

soldats, car les deux mauvais galetas que nous occupions viennent d'être pris par un général de brigade de la division. Pour n'être pas au bivouac dans l'eau, nous allons nous construire une baraque. Quant à notre situation politique, elle n'est pas plus gaie; on prétend que nous n'agirons que dans deux ou trois ans. Ceci se dit à l'oreille, et pourtant nos soldats le redisent tout haut. Les Anglais viennent tous les jours nous donner la comédie, avec leurs bricks, leurs cutters et leurs frégates. Nous leur envoyons, de la côte, force bombes et boulets qui vont se perdre dans les eaux. Ils nous répondent de la même façon, et c'est absolument un jeu de paume. La lunette de Dollon m'est très-utile pour juger des coups. De temps en temps nous nous exerçons dans la rade à manier l'aviron, sur nos péniches et nos caïques. Les Anglais nous galopent, nous nous retirons sous nos batteries, qui les saluent alors à grand bruit. La mer ne me fait pas le moindre mal, et j'en reviens toujours avec un appétit féroce. Quand nous ne sommes pas en mer, nous travaillons à la construction de notre baraque. Cet exercice est bien nécessaire pour arriver à dormir sur le peu de paille que nous avons. Dernièrement nous allâmes déjeuner chez un général de nos amis, de l'autre côté du cap Grinez. Nous partîmes à cheval à marée basse, en suivant la *laisse* de la mer en bas des falaises. Nous voulûmes revenir à six heures du soir par le même chemin, et comme la marée montait, nous nous trouvâmes coupés par les flots en beaucoup d'endroits. Dupont, qui va toujours comme un hanneton, se jeta dans un trou avec son cheval et pensa se noyer. Bonaparte, le jour de son départ de Boulogne, en a fait autant dans le port; il voulait passer de même à la marée haute; son petit cheval arabe s'embarrassa dans des amarres de chaloupe, et Bonaparte tomba dans l'eau jusqu'au menton. Toute sa suite se précipita pour le secourir, mais il remonta lestement à cheval et fut se sécher dans sa baraque. Cet événement n'est pas dans le *Moniteur*.

. . . . Je souhaite au maire vent arrière, marée haute, et joli frais. Toi, je t'aime, ma bonne mère, et je suis très-inquiet de ton silence. J'espère que tu ne me boudes pas, que tu ne recommences pas à m'accuser, à méconnaître l'amour et le respect que je te porte; sois certaine que je n'aime rien plus que toi sur la terre.

LETTRE III

Au camp d'Ostrohow, du 7 pluviôse an XII
(janvier 1804).

Il y a des moments de bonheur qui effacent toutes les peines ! Je viens de recevoir ta lettre du 26. Ah !

CHAPITRE SEPTIÈME.

ma bonne mère, mon cœur ne peut suffire à tous les sentiments qui le pénètrent. Mes yeux se remplissent de larmes, elles me suffoquent; je ne sais si c'est de joie ou de douleur, mais à chaque expression de ton amour et de ta bonté, je pleure comme quand j'avais dix ans. O ma bonne mère, mon excellente amie, comment te dire la douleur que m'ont causée ton chagrin et ton mécontentement? Ah! tu sais bien que l'intention de t'affliger ne peut jamais entrer dans mon âme, et que, de toutes les peines que je puisse éprouver, la plus amère est celle de faire couler tes larmes. Ta dernière lettre m'avait navré, celle d'aujourd'hui me rend la paix et le bonheur. J'y retrouve le langage, le cœur de ma bonne mère; elle-même reconnaît que je ne suis pas un mauvais fils et que je ne méritais pas de tant souffrir. Je me réconcilie avec moi-même, car, quand tu me dis que je suis coupable, bien que ma conscience ne me reproche rien, je me persuade que tu ne peux pas te tromper, et je suis prêt à m'accuser de tous les crimes plutôt que de te contredire.

Je ne sais qui a pu te dire que je voulais me jeter à la mer. Je n'ai pas eu cette pensée. C'est pour le coup que j'aurais cru être criminel envers toi qui m'aimes tant. Si je me suis exposé plus d'une fois à périr dans les flots, c'est sans songer à ce que je faisais. Véritablement, je me déplaisais tant sur la terre que je me sentais plus à l'aise sur les vagues,

Le bruit du vent, les secousses violentes de la barque s'accordaient mieux que tout avec ce qui se passait au dedans de moi, et au milieu de cette agitation je me trouvais comme dans mon élément.

Il est vrai que dernièrement j'ai failli rendre tout notre quartier général victime de mon goût pour la navigation, mais on t'a beaucoup exagéré les choses. J'avais été à bord d'un pêcheur, et je fis pendant le déjeuner un si beau récit de la pêche aux harengs que Dupont fut tenté de faire une promenade de ce genre. Quoique le vent fût assez frais, je le pris au mot, et lui persuadai de s'embarquer à l'instant même. Je fus chez l'amiral lui demander son canot, on l'arma de vingt rameurs adroits et vigoureux; nous avions au gouvernail le meilleur patron de la flottille. Je revins chercher Dupont. Comme le vent allait toujours de mieux en mieux je l'embarquai un peu malgré lui ainsi que toute la société, et nous voilà partis avec vent *grand largue* et *marée haute*. Nous avions largué le *tape-cul* et la *misaine*, nous volions plutôt que nous ne marchions sur les flots. Nous étions déjà à la hauteur du cap Grinez, quand nous apercevons les marsouins bondir à fleur d'eau autour de notre embarcation. Tu sais que l'apparition de ces messieurs-là à la surface de la mer est le signal certain du gros temps. En effet, le vent fraîchissait par trop, et nous allions virer de bord, quand tout à coup il s'élève avec furie et nous jette à deux lieues au large. Nous n'eûmes que le temps d'amener et de plier nos voiles. Nous étions environnés de montagnes d'eau et jetés les uns sur les autres dans notre chétif navire. La situation devenait fort critique; c'était superbe. Notre patron coupait les lames avec une adresse admirable. Ceux qui n'avaient pas le mal de mer ramaient de la belle manière avec moi. Enfin, après avoir couru mille dangers, nous avons réussi à rentrer dans le port à neuf heures du soir, excédés de fatigue, comme bien tu penses. On était fort inquiet de nous à la marine, et on nous avait envoyé deux canots de secours qui rentrèrent avec nous. Voilà tout. C'est une imprudence, il est vrai, mais ce n'est pas un *suicide*, et je serais bien fâché de ne m'être pas trouvé dans cette tempête, car c'est la plus belle chose que j'aie vu de ma vie.

Avant-hier matin le général en chef Soult a fait demander à Dupont s'il voulait aller avec lui à Calais, et nous l'avons accompagné, mon général et moi, dans cette course, avec notre voisin et ami le général Suchet.

Je ne te parle pas de nos opérations militaires, parce qu'il est défendu par un ordre du général en chef de donner des nouvelles d'ici, non-seulement aux journalistes, mais encore à nos parents et amis. Je puis te dire pourtant, sans trahir aucun secret d'État, que nous n'avons pas achevé notre baraque.

Mes deux camarades ont trouvé un grenier, et je me suis établi dans un pavillon de six pieds carrés, situé au bout du jardin. J'y ai fait porter un poêle et j'y suis fort bien. Je découvre la mer en plein, car c'est un belvédère ; mais je cours un peu le risque d'être emporté par les vents. Il passe en ce moment même un ouragan si terrible que le caisson qui était dans notre cour vient d'être renversé.

Adieu, ma mère chérie, garde la plume avec laquelle tu m'as écrit ta dernière lettre, et n'en prends jamais d'autre pour écrire à ton fils, qui t'aime autant que tu es bonne, et qui t'embrasse aussi tendrement qu'il t'aime.

Je voudrais bien tenir ici Caton Deschartres pour voir la jolie grimace qu'il ferait avec le tangage et le roulis de grosse mer.

LETTRE IV

Quartier général à Ostrohow, 30 pluviôse an XII.

Le général de division Dupont, commandant la première division du camp de Montreuil[1]..... m'a tellement fait courir avec lui tous ces jours-ci, soit sur la côte, soit sur la mer, que je n'ai pu trouver

---

[1] C'est une tête de lettre imprimée.

CHAPITRE SEPTIÈME.

un moment pour t'écrire. Avant-hier, au moment où je commençais une lettre pour toi, une douzaine de coups de canon est venue me déranger. C'était le prélude d'une canonnade qui a duré toute la journée entre nos batteries et la flotte anglaise. Nous y avons couru comme de raison, et nous avons joui pendant sept heures d'un coup d'œil aussi piquant qu'agréable, car toute la côte était en feu, toute la rade couverte de bâtiments, et sur deux mille coups de canon tirés de part et d'autre, nous n'avons pas perdu un seul homme. Les boulets ennemis passaient par-dessus nos têtes et allaient, sans faire de mal à personne, se perdre dans la campagne. J'ai vu avec plaisir que ma jolie jument alezane, qui est vive comme la poudre et qui a peur d'une mouche, ne bouge pas aux coups de canon. Je m'étais placé dans une batterie de quatre pièces de 36... Elle a été si étonnée de ce début qu'à la troisième décharge elle ne remuait plus.

. . . . J'ai vu ici le général Bertrand, après avoir été six fois inutilement chez lui. Il est venu dîner enfin chez Dupont, et j'ai été enchanté de lui. Il a des manières franches, aimables, amicales, sans ton, sans prétention. Nous avons parlé du Berry avec le plaisir de deux compatriotes qui se rencontrent loin de leur pays, et qui s'entretiennent de tout ce qu'ils y ont laissé d'intéressant et d'attachant, de leurs mères surtout.

.... La nature commence à se dérider ici, et j'espère qu'en ce moment tu peux te promener dans ton jardin. Nous en avons un ici où l'on jouit d'une vue admirable sur la mer ; mais rien ne vaut pour moi celui de Nohant quand j'y suis avec toi.

Deschartres fait-il toujours d'admirables découvertes sur la pluie et le beau temps ? Prépare-t-il au département ébahi quelque nouvelle surprise littéraire et agronomique ?

LETTRE V

Ostrohow, le 25 ventôse an XII (mars 1804).

.... Nous avons eu ici ces jours derniers une brillante fête donnée par tous les généraux du camp de Saint-Omer à madame Soult et au général en chef, son époux. C'était le général Bertrand, comme chef du génie, qui était le décorateur. Le général Bisson, qui boit quinze bouteilles de vin sans se griser et qui a six pieds de haut sur neuf de circonférence, était chargé des buffets et du souper (ce qui ne l'empêche pas d'être un fier soldat. Il était au Mincio)[1]. Moi, je fus nommé chef d'orchestre

[1] Bisson, enfant de troupe, se distingua de bonne heure par une bravoure héroïque. Chargé de la défense du Catelet sur la Sambre avec soixante grenadiers et cinquante dragons,

et directeur de toute la musique. J'ai formé l'orchestre, qui n'allait point du tout au commencement et qui s'est trouvé, le jour du bal, digne de Julien. J'ai composé des contredanses, etc., etc. Enfin je me suis donné bien de la peine pour des buses et des oisons, mais ma musique allait bien, mes musiciens se surpassaient, et je me moquais du reste. Il y avait là des dames que je ne te nommerai point et qui étaient de force, comme madame de la ***, à dire une *épître à l'âme* pour un épithalame.

Il paraît que j'ai fait une faute d'orthographe dans ma dernière lettre, et que Deschartres en jette les hauts cris. Eh bien, dis-lui de ma part effrontément que c'est lui qui se trompe ; que *leur* est un

---

attaqué par six mille hommes et sept pièces de canon, il plaça ses grenadiers en tirailleurs devant deux gués principaux en avant du pont de la ville, qu'il avait fait couper, et ses dragons en trois pelotons sur la rive droite. L'ennemi, voyant ces tirailleurs, crut que la place contenait un corps considérable et l'attaqua en règle. Bisson y était pourtant *seul avec deux tambours* qui battaient sur différents points pour entretenir l'erreur de l'ennemi. Cette combinaison donna le temps au général Legrand d'arriver avec une brigade et de conserver une position avantageuse.

A l'affaire de Missenheim, Bisson soutint avec quatre cent dix-sept hommes les efforts de trois mille hommes d'infanterie et de douze cents chevaux. Il se distingua à Marengo, etc., etc., et mourut à Mantoue, en 1811.

pronom démonstratif qui s'accorde en genre et en nombre avec le substantif, qu'on dit *leur* au masculin et *leure* au féminin ; que puisqu'on dit *leurs* chevaux, *leurs* soldats, on doit dire *leures* voitures, *leures* femmes, comme quand on parle des faits et gestes des maires de village, on dit *leures* balourdises, *leures* cuistreries. Voilà bien du bruit pour une faute d'inattention ! Eh bien, je veux soutenir que j'ai raison pour le mettre en fureur, et que si je n'ai pas raison, je lui coupe les oreilles.

Je quitte mes musiciens, qui avaient pris goût avec moi au Gluck, au Mozart, Haydn, etc. Nous reculons en terre ferme, nous retournons à notre camp de Montreuil, et je vais regretter le voisinage de la mer. Toi qui n'aimes pas mes voyages nautiques, tu t'en réjouis, bonne méchante mère !

LETTRE VI

Au Fayel, 17 germinal (avril 1804).

Nous sommes installés dans un castel qu'on décore pompeusement du titre de château. C'est bien le séjour le plus triste qu'on puisse imaginer, à cinq lieues de Boulogne, quatre de Montreuil et une d'Étaples ; on peut se croire dans le désert de Barca.

L'horizon est borné au loin par la mer et par des dunes de sables d'où, lorsque le vent d'ouest souffle, s'enlèvent des tourbillons qui se répandent au loin sur la campagne. Depuis quelques années ce sable gagne les terres cultivées et stérilise tout ce qu'il touche. Le château du Fayel en est défendu par quelques bouquets de bois ; mais sortez de là, vous êtes en Arabie. Heureusement nous n'y faisons point des jeûnes de quarante jours, et nous ne nous formalisons pas quand le diable vient nous y tenter. Ce manoir a, dit-on, appartenu au jaloux Fayel qui fit manger à sa femme le cœur de Coucy. Nous avons encore ici un M. de Fayel et sa femme, mais tu conçois que les traditions de la famille nous rendent très-circonspects auprès de madame, qui est pourtant assez jolie. Dupont s'ennuie cordialement, et la manière dont il nous endoctrine, de Couchy et moi, devient fort maussade à la longue, et même au commencement.

Comment, le savant Deschartres ne se tient pas pour battu ? Il est assez bête pour croire que je défends sérieusement mon pronom *leure* ? Il a dû te faire mourir de rire en me foudroyant de sa syntaxe. Il est temps de lui accorder qu'il a raison, puisqu'il y tient ; mais dis-lui bien qu'il n'aille pas s'imaginer pour cela qu'il a le sens commun : car pour une misérable fois que cela lui est arrivé, je lui prouverai par $A + B$ que dans mille occasions il m'a donné des preuves non équivoques d'aliénation mentale. C'est bien à lui de traiter les autres d'*ignares*, lui qui ne serait pas en état de ramer sur les bancs d'une péniche, qui ne connaît pas tribord d'avec bâbord ! lui qui ne distinguerait pas un cutter d'avec un brick, un caïque d'avec une felouque, une prame d'avec un lougre, une vigie d'avec une balise, une bouée d'avec un palan, un foc d'avec une misaine, l'entrepont d'avec les écoutilles, les sabords d'avec la dunette, un cadre d'avec un bastingage, un aviron d'avec une gaffe, et enfin l'estran d'avec la laisse de basse mer ! Ce ne sont là pourtant que les moindres éléments. Que serait-ce si, tout essoufflé, tout prêt à rendre son dîner ou l'ayant déjà rendu, il était par pitié débarqué et lancé à cheval dans la plaine ? si alors j'allais lui parler d'un changement de front, d'un *inverse en bataille*, d'un *en avant par divisions* pour former la colonne serrée, d'un *rompez en arrière* par la droite pour marcher vers la gauche, d'une retraite par bataillons, par sections, par échelons ? où en serait-il, grand Dieu ? Et si au milieu de cette bataille son cheval rétif ou ramingue allait se cabrer au feu, faire la pointe, la ruade, et enfin s'encapuchant parce qu'il n'aurait pas tenu assez les jambes près et la main haute, le faisait sauter par-dessus les oreilles et le laissait étendu dans les terres labourées ? Eh bien, monsieur le grammairien, monsieur le puriste, comment vous tireriez-vous de là ? Est-ce Despautère, Vaugelas, Lhomond ou Bistac que vous appelleriez à votre aide ? Consulteriez-vous en pareil cas le rudiment ou la rhétorique ? Vous n'auriez pas besoin de beaucoup chercher pour reconnaître que vous avez perdu le centre de gravité, et que vous êtes un butor, entendez-vous, maître Deschartres ?

Quand il aura avoué qu'il n'est qu'un Vadius, tu lui tireras les oreilles et tu lui diras que je l'embrasse de tout mon cœur. . . . .
. . . .

LETTRE VII

Au Fayel, le 12 prairial.

Nous sommes bien affairés ici. Nous avons eu la visite du ministre de la guerre, qui nous a fait manœuvrer tout le camp de Montreuil en ligne. Dupont, comme le plus ancien général de division, commandait la ligne, ce qui m'a procuré l'agrément de faire à peu près vingt lieues au galop, en la parcourant de la droite à la gauche une quarantaine de fois. Puis nous avons fait durant quatre jours des courses énormes *à l'effet* de nous entendre sur la rédaction de l'adresse que nous sommes forcés de présenter au premier consul, *à l'effet* de le supplier d'accepter la couronne impériale et le trône des césars. Quelle solennelle folie! Nous avons couru ensuite pour la faire signer aux différents corps. Cela ne fâche personne, mais fait sourire tout le monde; il était trop grand pour s'exposer à ces sourires!

Nous sommes ici dans une immobilité complète. Les Anglais paraissent aussi ennuyés de nous voir que nous le sommes de leur faire face. Ils ne s'approchent plus que sur des cutters et des bricks, et leur flotte reste sur les côtes. Hier il faisait extrêmement clair, et à l'aide de la lunette j'ai compté cent douze bâtiments du côté de Douvres et en face du comté de Kent. Ils paraissent embossés. Explique à Deschartres que cela signifie qu'ils sont mouillés à l'ancre, en vue de la côte; car, puisque j'ai entrepris de l'instruire, je n'en dois pas perdre une seule occasion. Comment, lui qui est homme à projets, n'a-t-il pas essayé de persuader à la sous-préfecture dont il est le génie et l'organe, qu'on pouvait rendre l'Indre navigable, et comme elle se jette dans la Loire, qui à son tour se jette dans la mer, profiter de ce débouché pour faire arriver dans nos ports les bois de Sainte-Sévère, de Saint-Chartier, de Culan, du Magnier, etc.? Exploités et travaillés de manière à les mettre rapidement sur le chantier, ils nous

CHAPITRE SEPTIÈME.

donneraient de prompts et sûrs moyens d'abaisser l'orgueil de la nouvelle Carthage. Évidemment notre jeune empereur n'attend que cela pour entamer l'expédition, et l'insouciant Deschartres lui refuse son concours?

Adieu, ma bonne mère, je t'embrasse de toute mon âme; il y a, hélas! bientôt cinq mois que je n'ai joui de ce bonheur en réalité!

Pendant que Maurice écrivait ainsi à sa mère, Victoire, désormais Sophie (l'habitude lui était venue de l'appeler ainsi), était venue le rejoindre au Fayel. Elle était sur le point d'accoucher, j'étais donc déjà au camp de Boulogne, mais sans y songer à rien, comme on peut croire; car peu de jours après j'allais voir la lumière sans en penser davantage. Cet accident de quitter le sein de ma mère m'arriva à Paris le 16 messidor an XII, un mois juste après le jour où mes parents s'engagèrent irrévocablement l'un à l'autre. Ma mère, se voyant près de son terme, voulut revenir à Paris, et mon père l'y suivit le 12 prairial. Le 16, ils se marièrent en secret à la municipalité du deuxième arrondissement. Le même jour, mon père écrivait à ma grand'mère :

Paris, 16 prairial an XII.

J'ai saisi l'occasion de venir à Paris, et j'y suis; Dupont y a consenti, parce que mes quatre ans de lieutenance expirés, j'ai droit au grade de capitaine, et je viens le réclamer. Je voulais aller te surprendre à Nohant, mais une lettre de Dupont que j'ai reçue ce matin, où il m'envoie une demande de sa main au ministre pour le premier emploi vacant, me retient encore ici quelques jours. Si je ne réussis pas cette fois, je me fais moine. Vitrolles, qui vint acheter la terre de Ville-Dieu, partira avec moi pour le Berry. M. de Ségur appuie la demande de Dupont. Enfin, je te verrai bientôt, j'espère... J'ai reçu ta dernière lettre, qu'on m'a renvoyée de Boulogne. Qu'elle est bonne!... Allons, mercredi, s'il est possible, je t'embrasserai, ce sera un heureux jour pour moi! Il y en a comme cela dans la vie qui consolent de tous les autres. Ma mère chérie, je t'embrasse!

Mon pauvre père avait à la fois la vie et la mort dans l'âme ce jour-là. Il venait de remplir son devoir envers une femme qui l'avait sincèrement aimé et qui allait le rendre père une fois de plus. J'ai dit

CHAPITRE SEPTIÈME.

qu'elle avait déjà mis au monde et perdu plusieurs enfants durant cette union, et qu'au moment d'en voir naître encore un, il avait voulu sanctifier son amour par un engagement indissoluble. Mais s'il était heureux et fier d'avoir obéi à cet amour qui était devenu sa conscience même, il avait la douleur de tromper sa mère et de lui désobéir en secret, comme font les enfants qu'on opprime et qu'on maltraite. Là fut toute sa faute; car, loin d'être opprimé et maltraité, il eût pu tout obtenir de la tendresse inépuisable de cette bonne mère en frappant un grand coup et en lui disant la vérité.

Il n'eut pas ce courage, et ce ne fut pas certes par manque de franchise; mais il fallait soutenir une de ces luttes où il savait qu'il serait vaincu. Il fallait entendre des plaintes déchirantes et voir couler ces larmes dont la seule pensée troublait son repos. Il se sentait faible à cet endroit-là, et qui oserait l'en blâmer sévèrement? Il y avait déjà deux ans qu'il était décidé à épouser ma mère et qu'il lui faisait jurer chaque jour qu'elle y consentirait de son côté. Il y avait deux ans qu'au moment de tenir à Dieu la promesse qu'il avait faite, il avait reculé épouvanté par l'ardente affection et le désespoir un peu jaloux qu'il avait rencontrés dans le cœur maternel. Il n'avait pu calmer sa mère durant ces deux années, où de continuelles absences amenaient pour elle de continuels déchirements, qu'en lui cachant la force de son amour et l'avenir de fidélité qu'il s'était créé. Combien il dut souffrir le jour où, sans rien avouer à ses parents, à ses meilleurs amis, il conféra le nom de sa mère à une femme digne par son amour de le porter, mais que sa mère devait si difficilement s'habituer à lui voir partager! Il le fit pourtant, il fut triste, il fut épouvanté, et il n'hésita pas. Au dernier moment, Sophie Delaborde, vêtue d'une petite robe de basin et n'ayant au doigt qu'un mince filet d'or, car leurs finances ne leur permirent d'acheter un véritable anneau de six francs qu'au bout de quelques jours, Sophie, heureuse et tremblante, intéressante dans sa grossesse, et insouciante de son propre avenir, lui offrit de renoncer à cette consécration du mariage qui ne devait rien ajouter, rien changer, disait-elle à leur amour. Il insista avec force, et quand il fut revenu avec elle de la mairie, il mit sa tête dans ses mains et donna une heure à la douleur d'avoir désobéi à la meilleure des mères. Il essaya de lui écrire, il ne put que lui envoyer les dix lignes qui précèdent et qui, malgré ses efforts, trahissent son effroi et ses remords. Puis il envoya sa lettre, demanda pardon à sa femme de ce moment donné à la nature, prit dans ses bras ma sœur Caroline, l'enfant d'une autre union, jura de l'aimer autant que celui qui allait naître, et prépara son départ pour Nohant, où il voulait aller passer huit jours

CHAPITRE SEPTIÈME.

avec l'espérance de pouvoir tout avouer et tout faire accepter.

Mais ce fut une vaine espérance. Il parla d'abord de la grossesse de Sophie, et tout en caressant mon frère Hippolyte, l'enfant de la *petite maison*, il fit allusion à la douleur qu'il avait éprouvée en apprenant la naissance de cet enfant, dont la mère lui était devenue forcément étrangère. Il parla du devoir que l'amour exclusif d'une femme impose à un honnête homme, et de la honte qu'il y aurait à abandonner une telle femme après des preuves d'un immense dévouement de sa part. Dès les premiers mots, ma grand'mère fondit en larmes, et sans rien écouter, sans rien discuter, elle se servit de son argument accoutumé, argument d'une tendre perfidie et d'une touchante personnalité : « Tu aimes
» une femme plus que moi, lui dit-elle, donc tu ne
» m'aimes plus! Où sont les jours de Passy, où sont
» tes sentiments exclusifs pour ta mère? Que je re-
» grette ce temps où tu m'écrivais : *Quand tu me*
» *seras rendue, je ne te quitterai plus d'un jour,*
» *plus d'une heure!* Que ne suis-je morte comme
» tant d'autres en 93! Tu m'aurais conservée dans
» ton cœur, telle que j'y étais alors, je n'y aurais
» jamais eu de rivale! »

Que répondre à un amour si passionné? Maurice pleura, ne répondit rien et renferma son secret.

Il revint à Paris sans l'avoir trahi, et vécut calme

et retiré dans son modeste intérieur. Ma bonne tante Lucie était à la veille de se marier avec un officier ami de mon père, et ils se réunissaient avec quelques amis pour de petites fêtes de famille. Un jour qu'ils avaient formé quelques quadrilles, ma mère avait ce jour-là une jolie robe couleur de rose, et mon père jouait sur son fidèle violon de Crémone (je l'ai encore, ce vieux instrument au son duquel j'ai vu le jour) une contredanse de sa façon; ma mère un peu souffrante quitta la danse et passa dans sa chambre. Comme sa figure n'était point altérée et qu'elle était sortie fort tranquillement, la contredanse continua. Au dernier *chassez-huit*, ma tante Lucie entra dans la chambre de ma mère, et tout aussitôt s'écria : Venez, venez, Maurice, vous avez une fille. — Elle s'appellera Aurore, comme ma pauvre mère qui n'est pas là pour la bénir, mais qui la bénira un jour, dit mon père en me recevant dans ses bras.

C'était le 5 juillet 1804, l'an dernier de la république, le premier de l'empire.

— Elle est née *en musique* et *dans le rose;* elle aura du bonheur, dit ma tante.

CHAPITRE HUITIÈME

Date de ce travail. — Mon signalement. — Opinion naïve de ma mère sur le mariage civil et le mariage religieux. — Le corset de madame Murat. — Disgrâce absolue des états-majors. — Déchirement de cœur. — Diplomatie maternelle.

Tout ce qui précède a été écrit sous la monarchie de Louis-Philippe. Je reprends ce travail le 1er juin 1848, réservant pour une autre phase de mon récit ce que j'ai vu et ressenti durant cette lacune.

J'ai beaucoup appris, beaucoup vécu, beaucoup vieilli durant ce court intervalle, et mon appréciation actuelle de toutes les idées qui ont rempli le cours de ma vie se ressentira peut-être de cette tardive et rapide expérience de la vie générale. Je n'en serai pas moins sincère envers moi-même; mais Dieu sait si j'aurai la même foi naïve, la même ardeur confiante qui me soutenaient intérieurement!

Si j'eusse fini mon livre avant cette révolution, c'eût été un autre livre, celui d'un solitaire, d'un enfant généreux, j'ose le dire, car je n'avais étudié l'humanité que sur des individus souvent exceptionnels et toujours examinés par moi à loisir. Depuis j'ai fait, de l'œil, une campagne dans le monde des faits, et je n'en suis point revenue telle que j'y étais entrée. J'y ai perdu les illusions de la jeunesse que, par un privilége dû à ma vie de retraite et de contemplation, j'avais conservées plus tard que de raison.

Mon livre sera donc triste si je reste sous l'impression que j'ai reçue dans ces derniers temps. Mais qui sait? Le temps marche vite, et, après tout, l'humanité n'est pas différente de moi, c'est-à-dire qu'elle se décourage et se ranime avec une grande facilité. Dieu me préserve de croire, comme Jean-Jacques Rousseau, que je vaux mieux que mes contemporains et que j'ai acquis le droit de les maudire. Jean-Jacques était malade quand il voulait séparer sa cause de celle de l'humanité. Nous avons tous soufferts plus ou moins en ce siècle de la maladie de Rousseau. Tâchons d'en guérir avec l'aide de Dieu!

Le 5 juillet 1804 je vins donc au monde, mon père jouant du violon et ma mère ayant une jolie robe rose. Ce fut l'affaire d'un instant. J'eus du moins cette part de bonheur que me prédisait ma tante Lucie de ne point faire souffrir longtemps ma mère. Je vins au monde fille légitime, ce qui aurait fort bien pu ne pas arriver si mon père n'avait pas résolument marché sur les préjugés de sa famille, et cela fut un bonheur aussi, car sans cela

CHAPITRE HUITIÈME.

ma grand'mère ne se fût peut-être pas occupée de moi avec autant d'amour qu'elle le fit plus tard, et j'eusse été privée d'un petit fonds d'idées et de connaissances qui a fait ma consolation dans les ennuis de ma vie.

J'étais fortement constituée, et, durant toute mon enfance, j'annonçais devoir être fort belle, promesse que je n'ai point tenue. Il y eut peut-être de ma faute, car à l'âge où la beauté fleurit, je passais déjà les nuits à lire et à écrire. Étant fille de deux êtres d'une beauté parfaite, j'aurais dû ne pas dégénérer, et ma pauvre mère, qui estimait la beauté plus que tout, m'en faisait souvent de naïfs reproches. Pour moi, je ne pus jamais m'astreindre à soigner ma personne. Autant j'aime l'extrême propreté, autant les recherches de la mollesse m'ont toujours paru insupportables.

Se priver de travail pour avoir l'œil frais, ne pas courir au soleil quand ce bon soleil de Dieu vous attire irrésistiblement, ne point marcher dans de bons gros sabots de peur de se déformer le cou-de-pied, porter des gants, c'est-à-dire renoncer à l'adresse et à la force de ses mains, se condamner à une éternelle gaucherie, à une éternelle débilité, ne jamais se fatiguer quand tout nous commande de ne point nous épargner, vivre enfin sous une cloche pour n'être ni hâlée, ni gercée, ni flétrie avant l'âge, voilà ce qu'il me fut toujours impossible d'observer. Ma grand'mère renchérissait encore sur les réprimandes de ma mère, et le chapitre des chapeaux et des gants fit le désespoir de mon enfance; mais, quoique je ne fusse pas volontairement rebelle, la contrainte ne put m'atteindre. Je n'eus qu'un instant de fraîcheur et jamais de beauté. Mes traits étaient cependant assez bien formés, mais je ne songeai jamais à leur donner la moindre expression. L'habitude contractée, presque dès le berceau, d'une rêverie dont il me serait impossible de me rendre compte à moi-même, me donna de bonne heure l'*air bête*. Je dis le mot tout net, parce que toute ma vie, dans l'enfance, au couvent, dans l'intimité de la famille, on me l'a dit de même, et qu'il faut bien que cela soit vrai.

Somme toute, avec des cheveux, des yeux, des dents et aucune difformité, je ne fus ni laide ni belle dans ma jeunesse, avantage que je considère comme sérieux à mon point de vue, car la laideur inspire des préventions dans un sens, la beauté dans un autre. On attend trop d'un extérieur brillant, on se méfie trop d'un extérieur qui repousse. Il vaut mieux avoir une bonne figure qui n'éblouit et n'effraye personne, et je m'en suis bien trouvée avec mes amis des deux sexes.

J'ai parlé de ma figure, afin de n'avoir plus du tout à en parler. Dans le récit de la vie d'une femme, ce chapitre, menaçant de se prolonger indéfiniment, pourrait effrayer le lecteur; je me suis conformée à l'usage, qui est de faire la description extérieure du personnage que l'on met en scène, et je l'ai fait dès le premier mot qui me concerne, afin de me débarrasser complétement de cette puérilité dans tout le cours de mon récit; j'aurais peut-être pu ne pas m'en occuper du tout; j'ai consulté l'usage, et j'ai vu que des hommes très-sérieux, en racontant leur vie, n'avaient pas cru devoir s'y soustraire. Il y aurait donc eu peut-être une apparence de prétention à ne pas payer cette petite dette à la curiosité souvent un peu niaise du lecteur.

Je désire pourtant qu'à l'avenir on se dérobe à cette exigence des curieux, et que si on est absolument forcé de tracer son portrait, on se borne à copier sur son passe-port le signalement rédigé par le commissaire de police de son quartier, dans un style qui n'a rien d'emphatique ni de compromettant. Voici le mien : yeux noirs, cheveux noirs, front ordinaire, teint pâle, nez bien fait, menton rond, bouche moyenne, taille quatre pieds dix pouces, signes particuliers, aucun.

Mais justement à ce propos je dois dire ici une circonstance assez bizarre; c'est qu'il n'y a pas plus de deux ou trois ans que je sais positivement qui je suis. J'ignore quels motifs ou quelles rêveries portèrent plusieurs personnes, qui prétendaient m'avoir *vue naître*, à me dire que, pour des raisons de famille faciles à deviner dans un mariage secret, on ne m'avait pas attribué légalement mon âge véritable. Selon cette version, je serais née à Madrid, en 1802 ou 1803, et l'acte de naissance qui portait mon nom aurait été, en réalité, celui d'un autre enfant né depuis, et mort peu de temps après.

Comme les registres de l'état civil n'avaient pas encore acquis à cette époque la rigoureuse exactitude que l'habitude de la législation nouvelle leur a donnée depuis, comme dans le mariage de mon père il y eut en effet des irrégularités singulières dont je vais bientôt parler, et qu'il serait impossible de commettre aujourd'hui, le récit qui m'abusa n'était pas aussi invraisemblable qu'on pourrait le croire. En outre, comme en me faisant cette révélation prétendue, on m'avait assuré que mes parents ne me diraient pas la vérité sur ce point, je m'abstins toujours de les interroger et demeurai persuadée que j'étais née à Madrid et que j'avais un an ou deux de plus que mon âge présumé. A cette époque je lus rapidement la correspondance de mon père avec ma grand'mère, et une lettre mal datée, intercalée mal à propos dans le recueil de 1803, me confirma dans mon erreur. Cette lettre, qu'on trouvera à sa place véritable, ne m'abusa plus, lorsqu'au moment de transcrire cette correspondance, je pus y porter un examen plus attentif. Enfin un ensemble de lettres sans intérêt pour le lecteur, mais très-intéressantes pour me fixer sur ce point, lettres que je n'avais jamais classées et jamais lues, me donnent enfin la certitude de mon identité. Je suis bien née à Paris le 5 juillet 1804, je suis bien *moi-même*, en un mot, ce qui ne laisse pas que de m'être agréable, car il y a toujours quelque chose de gênant à douter de son nom, de son âge et de son pays. Or j'ai subi ce doute pendant une quinzaine d'années sans savoir que j'avais dans quelques vieux tiroirs inexplorés de quoi le dissiper entièrement. Il est vrai que là, comme dans tout, j'ai porté une habitude de paresse naturelle pour ce qui me concerne personnellement, et que j'aurais pu mourir sans savoir si j'avais vécu en *personne* ou à la place d'un autre, si l'idée ne m'était venue d'écrire ma vie, et d'en approfondir le commencement.

Mon père avait fait publier ses bans à Boulogne sur mer, et il contracta mariage à Paris à l'insu de sa mère; ce qui ne serait point possible aujourd'hui le fut alors, grâce au désordre et à l'incertitude que la révolution avait apportés dans les relations. Le nouveau code laissait quelques moyens d'éluder les actes respectueux, et le cas d'*absence* avait été rendu fréquemment et facilement supposable par l'émigration. C'était un moment de transition entre l'ancienne société et la nouvelle, et les rouages des lois civiles ne fonctionnaient pas avec régularité. Je ne rapporterai pas les détails, pour ne pas ennuyer le lecteur par des points de droit fort arides, bien que j'aie toutes les pièces sous les yeux. Certainement il y eut absence ou insuffisance de certaines formalités qui seraient indispensables aujourd'hui, et qui apparemment n'étaient pas jugées alors d'une importance absolue.

Ma mère était au moral un exemple de cette situation transitoire. Tout ce qu'elle avait compris de l'acte civil de son mariage, c'est qu'il assurait la légitimité de ma naissance. Elle était pieuse et le fut toujours, sans aller jusqu'à la dévotion; mais ce qu'elle avait cru dans son enfance, elle devait le croire toute sa vie, sans s'inquiéter des lois civiles et sans penser qu'un acte par-devant le citoyen municipal pût remplacer un sacrement. Elle ne se fit donc pas scrupule des irrégularités qui facilitèrent son mariage civil, mais elle le porta si loin quand il fut question du mariage religieux, que ma grand'mère, malgré ses répugnances, fut obligée d'y assister. Cela eut lieu plus tard, comme je le dirai.

Jusque-là ma mère ne se crut point complice d'un acte de rébellion envers la mère de son mari; et quand on lui disait que madame Dupin était fort irritée contre elle, elle avait coutume de répondre : « Vraiment, c'est bien injuste, et elle ne me connaît guère; dites-lui donc que je n'épouserai jamais son fils à l'église tant qu'elle ne le voudra pas. »

Mon père, voyant qu'il ne vaincrait jamais ce

préjugé naïf et respectable, croyance vraie au fond, car, à moins de nier Dieu, il faut vouloir que la pensée de Dieu intervienne dans une consécration comme celle du mariage, mon père avait le plus grand désir de faire consacrer le sien. Jusque-là, il tremblait que Sophie, ne se regardant pas comme engagée par sa conscience, n'en vînt à tout remettre en question. Il ne doutait point d'elle, il n'en pouvait pas douter sous le rapport de l'attachement et de la fidélité. Mais elle avait des accès de fierté terrible quand il lui laissait entrevoir l'opposition de sa mère. Elle ne parlait de rien moins que d'aller au loin vivre de son travail avec ses enfants, et de montrer par là qu'elle ne voulait recevoir ni aumône ni pardon de cette orgueilleuse *grande dame,* dont elle se faisait une bien fausse et bien terrible idée.

Lorsque Maurice voulait lui persuader que le mariage contracté était indissoluble, et que sa mère viendrait à y souscrire tôt ou tard : « Eh non, disait-elle, votre mariage civil ne prouve rien, puisqu'il permet le divorce. L'Église ne le permet pas. Nous ne sommes donc pas mariés, et ta mère n'a rien à me reprocher. Il me suffit que notre fille (j'étais née alors) ait un sort assuré. Mais quant à moi, je ne te demande rien, et je n'ai à rougir devant personne. »

Ce raisonnement plein de force et de simplicité, la société ne le ratifiait pas, il est vrai. Elle le ratifierait encore moins aujourd'hui qu'elle s'est assise définitivement sur une base civile. Mais à l'époque où ces choses se passaient, on avait déjà vu tant d'ébranlements et de prodiges qu'on ne savait pas bien sur quel terrain l'on marchait. Ma mère avait les idées du peuple sur tout cela. Elle ne jugeait ni les causes ni les effets de ces nouvelles bases de la société révolutionnaire. « Cela changera encore, disait-elle, j'ai vu le temps où il n'y avait pas d'autre mariage que le mariage religieux. Tout à coup on a prétendu que celui-là ne valait rien et ne compterait plus. On en a inventé un autre qui ne durera pas et qui ne peut pas compter. »

Il a duré, mais en se modifiant d'une manière essentielle. Le divorce a été permis, puis aboli, et à présent on parle de le rétablir [1]. Jamais moment n'a été plus mal choisi pour soulever une aussi grave question, et bien que j'aie des idées arrêtées à cet égard, si j'étais de l'assemblée, je demanderais l'ordre du jour. On ne peut pas régler le sort et la religion de la famille dans un moment où la société est dans le désordre moral, pour ne pas dire dans l'anarchie. Aussi, lorsqu'il sera question de discuter cela, l'idée religieuse et l'idée civile vont se trouver encore une fois aux prises, au lieu de chercher cet

---

[1] J'écris ceci le 2 juin 1848. J'ignore quelle sera la solution du projet présenté à l'assemblée nationale par le ministre Crémieux.

accord sans lequel la loi n'a point de sens et n'atteint pas son but. Que le divorce soit rejeté, ce sera la consécration d'un état de choses contraire à la morale publique. Qu'il soit adopté, il le sera de telle manière et dans de telles circonstances qu'il ne servira point la morale et ajoutera à la dissolution du pacte religieux de la famille. Je dirai mon opinion quand il faudra, et je reviens à mon récit.

Mon père avait vingt-six ans, ma mère en avait trente lorsque je vins au monde. Ma mère n'avait jamais lu Jean-Jacques Rousseau et n'en avait peut-être pas beaucoup entendu parler, ce qui ne l'empêcha pas d'être ma nourrice, comme elle l'avait été et comme elle le fut de tous ses autres enfants. Mais, pour mettre de l'ordre dans le cours de ma propre histoire, il faut que je continue à suivre celle de mon père, dont les lettres me servent de jalons, car on peut bien imaginer que mes propres souvenirs ne datent pas encore de l'an XII.

Il passa une quinzaine à Nohant après son mariage, ainsi que je l'ai dit au précédent chapitre, et ne trouva aucun moyen d'en faire l'aveu à sa mère. Il revint à Paris sous prétexte de poursuivre cet éternel brevet de capitaine qui n'arrivait pas, et il trouva toutes ses connaissances, tous ses parents fort bien traités par la nouvelle monarchie : Caulaincourt grand écuyer de l'empereur, le général d'Harville grand écuyer de l'impératrice Joséphine,

le bon neveu René chambellan du prince Louis, sa femme dame de compagnie de la princesse, etc. Cette dernière présenta à madame Murat un état des services de mon père, que madame Murat mit *dans son corset,* ce qui fait dire à mon père à la date du 12 prairial an XII : « Voici le temps revenu où les
» dames disposent des grades et où le corset d'une
» princesse nous promet plus que le champ de ba-
» taille. Soit ! J'espère me laver de ce corset-là quand
» nous aurons la guerre, et bien remercier mon
» pays de ce que mon pays me force à mal gagner. »

Puis revenant à ses chagrins personnels : « On
» m'apporte à l'instant, ma bonne mère, une lettre
» de toi, où tu m'affliges en t'affligeant. Tu prétends
» que j'ai été soucieux auprès de toi, et que des
» mots d'impatience me sont échappés. Mais est-ce
» que je t'en ai jamais, même dans ma pensée,
» adressé un seul ? J'aimerais mieux mourir. Tu sais
» bien que c'était à l'adresse de Deschartres, en
» remboursement de ses sermons blessants et in-
» tempestifs. Jamais, quand j'ai été près de toi, je
» n'ai appelé avec impatience le jour qui devait
» m'en éloigner. Ah ! que tout cela est cruel, et que
» j'en souffre ! Je retournerai bientôt te demander
» raison de tes lettres, méchante mère que je chéris. »

Je vins au monde le 12 messidor. Ma grand'mère n'en sut rien. Le 16, mon père lui écrivait sur tout autre chose.

CHAPITRE HUITIÈME.

LETTRE PREMIÈRE

DE MAURICE A SA MÈRE A NOHANT.

Paris, 16 messidor an XII.

J'ai reçu ton aimable lettre pour Lacuée. Je la lui ai portée moi-même. Il était à Saint-Cloud. J'y suis retourné hier, et je l'ai vu. Ma demande est au bureau de la guerre et doit être mise sous les yeux de l'empereur la semaine prochaine. Je suis porté sur le tableau d'avancement. D'un autre côté, notre famille fait son chemin : M. de Ségur vient d'être nommé grand dignitaire de l'empire et grand maître des cérémonies, avec 100,000 francs d'appointements, plus 40,000 comme conseiller d'État. René entre en fonctions avec une grande clef d'or brodée au derrière. Le prince va avoir une garde. Apolline m'y promet une compagnie. Le prince sera grand connétable. Je me frotte les yeux pour savoir si je ne fais pas un rêve absurde, mais j'ai beau les refermer, l'ambition ne vient pas, et je me sens toujours partagé entre celle d'aller me battre ou celle d'aller vivre près de toi. Je n'en puis avoir de plus brillante, et celle des autres me fait toujours un drôle d'effet. Je me réjouis pourtant du bonheur de ceux que j'aime, parce que je ne suis pas né jaloux. Mais mon bonheur ne serait pas fait comme cela. Je voudrais de l'activité, de l'honneur, ou bien une petite aisance et le bonheur domestique. Si j'étais capitaine, tu pourrais venir ici, j'aurais bien de quoi avoir un cabriolet bien suspendu pour te promener, je te soignerais, je te ferais oublier toutes nos tristesses. Deschartres n'étant pas là, nous serions encore heureux comme autrefois, j'en suis sûr. Je t'aime tant, quoi que tu en dises, que tu finirais bien par y croire. Ta dernière lettre est bonne comme toi, et, dans ma joie, je l'ai montrée *à tout le monde*[1]. Ne me gronde pas! Je t'embrasse de toute mon âme.

Beaumont a fait un mélodrame pour la Porte-Saint-Martin. Ce n'est pas bon, mais cela n'est pas nécessaire pour avoir du succès. Et d'ailleurs cela l'amuse tant[2]!

Le voyage de l'empereur remet au mois de septembre mon projet de retourner de suite auprès de toi, mais alors j'irai faire tes vendanges, et si Deschartres fait encore le docteur, je le camperai dans sa cuve.

---

[1] C'est-à-dire à Sophie.
[2] J'ignore quel fut le sort du mélodrame de mon grand-oncle. Je n'en sais même pas le titre.

CHAPITRE HUITIÈME.

LETTRE II

Du 1er thermidor an XII.

L'empereur est parti hier dans la nuit, et tu me crois sans doute en route pour Boulogne. Je fais mieux que cela, je m'apprête à te porter un bouquet pour ta fête et un compliment composé de mille embrassades bien tendres. De Couchy s'est chargé de faire entendre à Dupont que mes affaires sont en meilleur train ici qu'elles ne le seraient là-bas, puisque Dupont doit revenir dans huit jours et que je n'ai rien à gagner à chercher les regards de l'empereur. L'affaire de Sedan nous a assez prouvé que, dans ces occasions-là, on aime mieux nous cacher que nous montrer. Dupont ne peut pas le nier et ne peut pas trouver mauvais que je ne sois pas pressé de m'y faire reprendre. S'il s'agissait d'aller recevoir des coups de fusil, il y aurait de la place et je m'empresserais d'y être. Mais il n'y a pas de place pour recevoir les coups d'œil du maître, et moi je n'y tiens pas autrement. Qu'on s'y pousse, qu'on s'y rue, qu'on s'y tue, ce métier-là m'est odieux. Si Sa Majesté veut savoir qui je suis, elle trouvera mes preuves dans ses valises; car ma demande court la poste avec elle. Comme son travail particulier se continue toujours, même quand il est en voyage, mes états de service et mes droits sont dans les portefeuilles qui l'accompagnent, et peut-être m'expédiera-t-il au galop ce brevet tant désiré. M. de Ségur m'assure que cela ne peut manquer. Berthier lui disait hier : « Je connais cet officier. Il a de très-bons services, il mérite de l'avancement, je l'ai apostillé moi-même sur le tableau. »

René est décidément breveté chambellan. Ses fonctions consistent à présenter au prince les ambassadeurs, à faire les honneurs du palais, à veiller à l'ordre des cérémonies. Il a pour collègue M. d'Arjuson. Les fonctions d'Apolline consistent dans une toilette élégante, et dans des petits soins pour la princesse, qu'elle accompagne comme une confidente de tragédie. Je la fais enrager en l'appelant *Albine* ou *Œnone*. Je traite René d'*Arcas* et d'*Arbates*. Ils se fâchent d'abord et finissent par rire. *Ces dames* les ont assimilés à des pestiférés ; car elles ne mettent plus les pieds chez eux, et ils en sont tout consolés. Le mélodrame de l'oncle Beaumont est en répétition. Si Deschartres n'était pas un sot, il se lancerait dans la carrière dramatique au lieu de s'occuper de l'assiette de l'impôt foncier, et de mille autres fadaises. Mais j'aurai beau l'endoctriner, je n'en ferai jamais rien. Je te charge de lui dire que, s'il ne fait pas bien étriller ses bœufs et ratisser ses allées pour mon arrivée, il aura affaire à moi.

. . . .

CHAPITRE HUITIÈME.

La réponse de l'empereur relativement au brevet de capitaine fut que toute demande d'avancement pour tout ce qui tenait à l'état-major serait ajournée à un an. Mon père partagea la disgrâce commune et n'alla pourtant pas souhaiter la fête à sa mère ; cette fois ce fut bien malgré lui. Il eut une fièvre scarlatine assez violente, durant laquelle il paraît qu'il s'affecta beaucoup de la disparition du jeune Octave de Ségur, qu'il aimait particulièrement. Cette histoire est mystérieuse et romanesque. Octave était sous-préfet à Soissons, il vint passer quelques jours à Paris, en repartit un matin et resta plusieurs années sans qu'on entendît parler de lui. Plus tard il se brûla la cervelle. Un amour malheureux fut la cause de cette fuite et de ce suicide. Mon père a fait sur son absence une romance très-remarquable comme musique, et dont les paroles commencent ainsi :

> Octave, de te retrouver
> Ne reste-t-il plus d'espérance?

C'est le seul morceau de musique qui me soit resté de lui. Son opéra d'*Elizène*, qui l'avait tant occupé et tant passionné, a disparu jusqu'au dernier feuillet ; mais la romance dont je parle me prouve qu'il avait de véritables idées musicales.

Pendant la maladie de Maurice, René écrivait à ma grand'mère pour la rassurer, et il lui échappait quelques indiscrétions involontaires sur ma naissance, dont il la croyait informée. Il n'est point question du mariage dans ces lettres ; je ne pense pas qu'il en eût reçu la confidence, mais il attribue à la persévérance de l'attachement de Maurice pour Sophie le peu de succès de ses démarches pour son avancement. Cela ne me paraît pas prouvé, car mon père était compris dans une mesure de disgrâce générale concernant les états-majors. S'il est vrai qu'il eût pu faire faire une exception en sa faveur, à force d'obsessions et de démarches, je ne lui en veux pas d'avoir été inhabile à ce genre de succès. Mais ma grand'mère, effrayée et irritée des insinuations que le plus tendre intérêt dictait à M. de Villeneuve, écrivit une lettre assez amère à son fils, ce qui lui donna un nouvel accès de fièvre. Sa réponse est pleine de tendresse et de douleur.

LETTRE III

10 fructidor (août 1804).

Je suis, dis-tu, ma bonne mère, un ingrat et un fou. Ingrat, jamais ! fou, je le deviendrai peut-être, malade de corps et d'esprit comme me voilà. Ta lettre me fait beaucoup plus de mal que la réponse du ministre, car tu m'accuses de mon propre guignon, et tu voudrais que j'eusse fait des miracles pour le conjurer. Je n'en sais point faire en fait de courbettes et d'intrigues. Ne t'en prends qu'à toi-même qui de bonne heure m'as enseigné à mépriser les courtisans. Si tu ne vivais pas depuis quelques années loin de Paris et retirée du monde, tu saurais que le nouveau régime est sous ce rapport pire que l'ancien, et tu ne me ferais pas un crime d'être resté moi-même. Si l'on avait fait la guerre plus longtemps, je crois que j'aurais conquis mes grades, mais depuis qu'il faut les conquérir dans les antichambres, j'avoue que je n'ai pas sous ce rapport-là de brillantes campagnes à faire valoir. Tu me reproches de ne te jamais parler de mon intérieur. C'est toi qui ne l'as jamais voulu ! Est-ce possible quand, au premier mot, tu m'accuses d'être un mauvais fils? Je suis forcé de me taire, car je n'ai à te faire qu'une réponse dont tu ne te contentes pas, c'est que je t'aime et que je n'aime personne plus que toi. — N'est-ce pas toi qui as été toujours contraire à mon désir de quitter Dupont et de rentrer dans la ligne? A présent, tu reconnais que je suis dans un cul-de-sac ; mais il est trop tard. Il faut maintenant *obtenir cela comme une faveur spéciale de Sa Majesté.* La faveur et moi ne faisons guère route ensemble. Tu dis qu'on m'a desservi, c'est possible, mais je ne sais pas qui, je ne me connais pas d'ennemis, et si j'en ai, ce n'est pas ma faute. Voilà ce que ma conscience peut jurer devant Dieu et devant toi.

Au milieu de tout cela, on ne retrouve point Octave. Il est certain maintenant qu'on l'a assassiné, mais aucun indice ! Son père est au désespoir, et moi dans un chagrin affreux. C'est bien là pour une famille un autre malheur qu'une disgrâce de cour ! On dit que, pour accepter son sort, il faut toujours regarder au-dessous de soi. C'est une vilaine maxime, et qui semble nous dire que notre consolation est dans la désolation des autres ! »

Il retourna à Nohant et y passa encore six semaines sans que le fatal aveu pût passer de son cœur à ses lèvres : mais son secret fut deviné, car vers la fin de brumaire an XIII (novembre 1804), en même temps qu'il revenait à Paris, sa mère écrivait au maire du cinquième arrondissement :

« Une mère, monsieur, n'aura pas sans doute besoin de justifier auprès de vous le titre avec lequel elle se présente pour solliciter votre attention.

» J'ai de fortes raisons pour craindre que mon fils unique ne se soit récemment marié à Paris sans mon consentement. Je suis veuve ; il a vingt-six ans ; il sert, il s'appelle Maurice-François-Élisabeth Dupin. La personne avec laquelle il a pu contracter mariage a porté différents noms, celui que je crois le sien est Victoire Delaborde. Elle doit être un peu plus âgée que mon fils, tous deux demeurent ensemble rue Meslay, n° 15, chez le sieur Maréchal [1], et c'est parce que je suppose cette rue dans votre arrondissement que je prends la liberté de vous adresser mes questions et de vous confier mes craintes. J'ose espérer que vous voudrez bien faire parvenir ma lettre à celui de MM. vos collègues dans l'arrondissement duquel se trouve la rue Meslay.

» Cette fille ou femme, car je ne sais de quel nom l'appeler, avant de s'établir dans la rue Meslay, demeurait en nivôse dernier rue de la Monnaie, où elle tenait une boutique de modes.

» Depuis qu'elle habite la rue Meslay, mon fils en a eu une fille que je crois née en messidor et inscrite sur les registres sous le nom d'Aurore, fille de N. Dupin et de…. L'inscription pourrait, ce me semble, vous donner quelque lumière sur le mariage, s'il existe précédemment, comme je le crois, à cause du prénom qu'on a donné à l'enfant. Quelques indices me font présumer qu'il peut avoir été contracté en prairial dernier. J'ai l'honneur d'écrire à un magistrat, peut-être à un père de famille, ce double titre ne m'aura pas vainement flattée d'une réponse aussi prompte que possible et d'une discré-

---

[1] Mon oncle. Il venait d'épouser ma tante Lucie.

tion inviolable, quel que soit le résultat des recherches que je prends la liberté de vous demander.

» J'ai l'honneur, etc.

» DUPIN. »

SECONDE LETTRE DE MADAME DUPIN

Au maire du cinquième arrondissement.

« En confirmant mes craintes, monsieur, vous avez navré mon cœur, et de longtemps il ne s'ouvrira aux consolations que vous voulez y répandre : mais il ne sera jamais fermé à la reconnaissance, et je sens tout le prix d'une intention qui honore le vôtre. Cependant je dois trop à vos soins généreux pour ne pas en espérer encore quelque chose. Vous paraissez croire *que la plus grande irrégularité commise dans ce mariage fut d'avoir blessé les sentiments les plus respectables et les plus doux.* Je vois que vous les connaissez : mais vous ne connaissez pas, et puissiez-vous ne jamais connaître jusqu'à quel point il peut les avoir blessés ! Je l'ignore encore moi-même ; mais mon cœur me dit qu'il faut qu'il soit bien coupable, puisqu'il a cru devoir me faire un mystère de la démarche la plus essentielle de sa vie. C'est ce mystère que vous seul pouvez m'aider à approfondir, parce que vous seul en êtes jusqu'ici le dépositaire, parce que je n'ose confier à aucune personne de ma connaissance à Paris ce que mon fils n'a pas osé dire à sa mère, parce que j'ose encore moins, pendant qu'il y est, m'y rendre moi-même et quitter une terre que je me plaisais à embellir pour une compagne digne de lui et de moi. Et cependant il faut bien que je sache quelle est cette étrange belle-fille qu'il a voulu me donner!...

» Ma tranquillité présente, son bien-être futur en dépendent. Pour que mon cœur se familiarise, s'il le faut, avec toutes les conséquences de sa faute, il est absolument nécessaire que mon esprit l'embrasse dans tous ses détails. Votre estimable collègue le maire du.... arrondissement a bien voulu vous offrir *communication du dossier qui forme la réunion des pièces produites par les deux époux.* Il ne vous refusera pas, monsieur, une copie régulière de toutes ces pièces *sans exception :* et j'ose attendre de votre obligeance, j'aurais dû dire de votre sensibilité, que vous voudrez bien la lui demander, soit en votre nom, soit au mien. »

. . . .

Il est facile de voir par cette lettre si douloureuse, si généreuse, et pourtant si habile, que ma grand'-mère désirait consulter pièces en main, afin de faire déclarer, s'il était possible, la nullité du mariage. Elle n'ignorait pas autant qu'elle voulait bien le dire les noms et précédents de sa belle-fille ; elle feignait de tout ignorer pour ne pas laisser pénétrer ses desseins, et si elle faisait pressentir une sorte de pardon qu'elle n'était encore nullement disposée à accorder, c'était dans la crainte de trouver dans le maire du.... arrondissement (celui qui avait fait le mariage) un auxiliaire complaisant de ce mariage irrégulièrement contracté. Aussi ne s'adressait-elle pas à lui directement, mais bien au maire du cinquième, qu'elle savait ne point avoir la rue Meslay dans sa juridiction, et sur l'intégrité duquel probablement elle avait quelques données particulières. La ruse délicate de la femme l'inspirait donc mieux que n'eût pu le faire un habile conseil, et j'avoue que cette petite conspiration contre la légitimité de ma naissance me paraît d'une légitimité tout aussi incontestable.

De son côté, mon père, conseillé probablement par un homme spécial, car de lui-même il fût tombé dans tous les piéges de la tendresse maternelle, devait vouloir cacher son mariage jusqu'au moment où tout délai d'opposition de la part de sa mère serait expiré. Ils se trompaient donc l'un l'autre, triste fatalité de leur mutuelle situation, et ils s'écrivaient comme si de rien n'était. Je dis qu'ils se trompaient, et pourtant ils n'échangeaient pas de mensonges. Le seul artifice, c'était le silence que tous deux gardaient dans leurs lettres sur le principal objet de leurs préoccupations.

CHAPITRE NEUVIÈME

Suite des lettres. — La cérémonie du couronnement.

LETTRE IV

DE MAURICE A SA MÈRE.

Fin brumaire an XIII (novembre 1804).

Depuis six semaines, j'ai été si heureux près de toi, ma bonne mère, que c'est presque un chagrin maintenant que d'être obligé de t'écrire pour m'entretenir avec toi. Le calme, le bonheur dont j'ai joui à Nohant me rendent encore plus insupportables le tumulte, l'inquiétude et le bruit qui m'entourent à Paris.

Mon voyage a été l'abrégé de tous les guignons d'une grande route. Retard à Orléans faute de place, accident et nouveau retard à Étampes. Puis à la croix de Bernis, un maudit procureur de province, qui vient à Paris pour voir le couronnement, quitte de nuit la diligence pour se rendre à Versailles, où il est caserné avec les autres gardes départementales, emporte mon portemanteau et me laisse le sien, dans lequel, au lieu des jolies cravates que tu m'as données, je risque fort de ne trouver que de sales rabats. Le lendemain de mon arrivée ici, il me faut courir à Versailles pour y porter les nippes du procureur et y rattraper les miennes. Nous nous croisons, nous nous cherchons, le maudit procureur me fait faire des *pas de clerc;* enfin l'échange s'opère à la satisfaction des deux parties, mais après bien du temps et des *pas perdus.*

Laure et Auguste, René et Apolline m'ont reçu à bras ouverts. J'espère que je ne serai pas forcé d'aller retrouver mes rats et mon galetas au Fayel, car le général Suchet, qui m'a fait l'honneur d'arrêter sa voiture tout exprès pour me parler hier, m'a dit que tous les généraux de division allaient être mandés pour assister à la cérémonie du couronnement, et que probablement Dupont ne resterait pas dans son exil. Me voilà donc encore ici pour quelques jours, et je te rendrai compte de la fête.

On attend Sa Sainteté demain. Dans la rue de *** on ne rêve plus que dentelles, diamants et broderies. Ces graves occupations leur ont tellement fait perdre la mémoire, que comme je disais devant eux que j'en étais à ma cinquième année de lieutenance, *** s'est écrié, comme sortant d'un rêve : « Comment, Maurice, tu n'es pas encore capitaine? »

CHAPITRE NEUVIÈME.

Cette petite distraction de la part d'une personne avec qui je parle tous les jours depuis six mois de mon guignon, et qui se fait fort auprès de toi de me *protéger*, tout en m'accusant d'être apathique et de ne pas la seconder dans son *zèle*, doit te prouver enfin quel fond il faut faire sur les promesses de ceux qui tiennent leur affaire.

Quant à ***, elle se donne avec moi des airs de protection passablement drôles de la part d'une personne qui ne me sert pas du tout. Elle disait hier que si Dupont lui eût envoyé de *bonnes notes* sur mon compte, elle m'aurait fait faire mon chemin ; mais que je voyais *trop mauvaise compagnie*. La compagnie que je vois vaut bien celle qui l'entoure. Vitrolles, en me racontant cela, riait aux éclats de cette impertinence, et la traitait sans façon de *péronnelle*. Va pour péronnelle ! mais je ne lui en veux pas ; tout le monde est de même. Le ton de cour est la maladie de ceux qui n'y auraient jamais mis le pied autrefois.

J'ai remis ta doublure à madame de la Marlière pour qu'elle te fît faire une bonne douillette à collets, à l'anglaise ; c'est la mode, et je lui ai donné moi-même le dessin des collets pour que la coupe ne fût pas manquée, car cela peut être très-joli ou très-laid, selon le génie de la couturière. J'ai choisi l'étoffe, et j'espère que tu la trouveras jolie. Ne crois donc pas que j'oublie rien de ce qui te concerne, et pardonne-moi quand j'oublie ce qui ne regarde que moi.

Je vais ce matin avec des billets de M. de Ségur voir les préparatifs de Notre-Dame. Ce soir j'irai voir la première représentation des *Désastres de Lisbonne*. Tout Paris va être mystifié. On s'attend à voir un embrasement, un tremblement de terre. Beaucoup de gens craignent le feu, et je tiens d'un des directeurs du théâtre que tout le vacarme se passe en récit, ce qui est beaucoup plus économique.

Mes ouvrages lyriques ont ici un succès dont je ne me doutais pas à Nohant. On redemande toujours la romance du divorce. Saint-Brisson en est enthousiaste. Il est ici pour le couronnement, comme président de canton, et fait ses visites à dix heures du soir en bas de soie et à cheval. Il est tout aussi fou que tu l'as connu, et dit à madame *** de grosses polissonneries qu'elle trouve de fort bon ton, parce qu'il les met toujours sur le dos de quelque prince ou princesse.

Adieu, ma bonne mère; je regrette Nohant. Que ta lettre est bonne! J'ai pris le repos dans un tel goût qu'ici je crois être en campagne, tant j'y trouve de fatigue, de bruit et de sens dessus dessous. Et puis tu m'as tant gâté sur toutes choses que je suis devenu difficile.

Je prie d'Andrezel de ne point oublier de travailler aux paroles de mon opéra. Deschartres nous aidera pour la partie des *machines*. J'embrasse l'un et l'autre, mais toi avant tout et plus que tout le monde.

MAURICE.

LETTRE V

Paris, le 7 frimaire an XIII (novembre 1804).

J'allais repartir pour le Fayel et perdre la cérémonie du couronnement, lorsque notre maréchal Ney m'apprend enfin qu'il vient d'expédier un courrier à Dupont pour le faire venir et qu'on l'attend le lendemain. Je cours chercher ma malle qui était déjà chargée, et que je n'arrache qu'avec peine des mains des conducteurs, et après avoir épuisé toute mon éloquence. Je jette l'ancre et je cargue mes voiles. Dupont arrive en effet la veille du grand jour. Nous sommes très-bons amis. Il s'est occupé de ma croix, et le rapport sera fait après le couronnement.

Puis j'ai vu la chose. J'ai vu un, deux, trois, quatre, cinq régiments : hussards, cuirassiers, dragons, carabiniers et mameluks; une, deux, trois, quatre, cinq, six, sept, huit, neuf, dix, onze, douze, treize, quatorze voitures à six chevaux pleines de gens de cour; une voiture à dix glaces pleine de princesses; la voiture de l'archichancelier, enfin celle de l'empereur : huit chevaux soupe de lait, admirables bêtes, caparaçonnées et pomponnées jusqu'à la hauteur du premier étage des maisons. La voiture à dix glaces, plus galante et plus finie que magnifique : sur l'impériale une manière de surtout représentant des aigles et la couronne. Par devant et par derrière trente pages. L'empereur était dans le fond à droite, l'impératrice à gauche. Sur le devant, les princes Joseph et Louis ; à cheval, autour de ladite voiture, les maréchaux Moncey, Soult, Murat et Davoust. Des chevaux de main couverts de drap d'or, de housses éblouissantes, menés à deux rênes de soie et d'or par des mameluks à pied, vêtus eux-mêmes avec la plus grande magnificence. La voiture du pape à huit chevaux blancs empanachés. Le pape seul au fond. Deux cardinaux vis-à-vis. La croix d'or portée en avant de la voiture par un gros cuistre en robe et en bonnet carré, monté sur une mule [1]. Vingt autres voitures en tout semblables aux premières, toutes aux armes et à la livrée de l'empereur, ont transporté le reste de la valetaille impériale.

[1] A la fête du concordat on n'avait pas osé montrer cette croix et ce cuistre aux Parisiens. On les avait mis dans une voiture : ç'avait été l'objet de pourparlers sérieux entre le premier consul et le légat, tant la restauration catholique était *populaire*. Au couronnement, la croix, ostensiblement portée, ne souleva pas de murmures, mais le porteur fit beaucoup rire par son obésité.

CHAPITRE NEUVIÈME.

Dans Notre-Dame, le trône près de la porte au fond, représentant un arc de triomphe assez massif et dont le style grec s'accordait fort mal avec le gothique de l'église; l'impératrice assise un peu plus bas que son époux. Les princes à deux marches au-dessous. Les tribunes à droite et à gauche garnies de draperies, occupées par le conseil d'État, le corps législatif, les présidents de canton, les maisons des princes et les billets donnés. Dans la nef, les grands officiers de la Légion d'honneur.

Après la messe, l'empereur est descendu du trône avec l'impératrice, suivi des princes et princesses. Ils ont traversé l'église au pas grave pour s'approcher de l'autel. Le pape a mis de l'huile au front et aux mains de l'empereur et de l'impératrice; ensuite Bonaparte s'est levé, a été prendre la couronne sur l'autel, se l'est mise lui-même sur la tête et a prononcé à haute voix le serment de soutenir les droits de son peuple et de maintenir sa liberté. Il est retourné à son trône, et on a chanté le *Te Deum*. Ensuite retour, illuminations magnifiques, danses, feu d'artifice, etc., etc. C'était fort beau, fort imposant, la pièce bien mise en scène et les grands rôles bien joués. Bonjour à la république ! Tu ne la regrettes pas, ma bonne mère, ni moi non plus pour ce qu'elle a été, mais pour ce qu'elle eût dû être, pour ce qu'elle était dans mes rêves d'enfant!

René est décidément chambellan. Apolline se

campe des queues de six aunes. Auguste est poudré à blanc. Laure toujours excellente.

J'ai fait tirer les parties de mon ouverture, et nous l'avons exécutée chez Auguste avec des musiciens de Feydeau. Je l'avais annoncée comme d'un de mes amis, et on l'a comparée tout bonnement à du Haydn. J'ai eu un succès auquel j'étais loin de m'attendre. Dis cela à d'Andrezel pour aiguillonner son génie, le mien est tout prêt.

(A lire tout bas).

Mon Aurore se porte à merveille, elle est belle par admiration, et je suis dans l'enchantement que tu m'en aies demandé des nouvelles.

Ta lettre m'a comblé d'aise. Tu y es bien *ma bonne mère !* et toutes les chimères d'orgueil dont je suis le témoin ne donneront jamais à ceux qui s'en nourrissent le quart du bonheur que je trouve dans les témoignages de ta tendresse. Conserve-moi bien ce bonheur-là ! Je regrette chaque jour nos soirées et nos causeries, et nos joyeux dîners, et le grand salon, tout Nohant enfin, et je ne me console qu'en songeant à y retourner. Adieu, ma bonne chère mère ; parle de moi à d'Andrezel et à l'ingénieur Deschartres. Tes commissions sont faites.

FIN DU TOME TROISIÈME.

TABLE

DU TOME TROISIÈME.

DEUXIÈME PARTIE.

CHAPITRE PREMIER.

Mission. — La Tour d'Auvergne. — Parme. — Bologne. — Occupation de Florence. — Georges la Fayette,　1

CHAPITRE DEUXIÈME.

Rome. — Entrevue avec le pape. — Tentative simulée d'assassinat. — Monsignor Consalvi. — Asola. — Première passion. — La veille de la bataille. — Passage du Mincio. — Maurice prisonnier. — Délivrance. — Lettre d'amour. — Rivalités et ressentiments entre Brune et Dupont. — Départ pour Nohant. . . . . .　16

CHAPITRE TROISIÈME.

Incidents romanesques. — Malheureux expédient de Deschartres. — L'auberge de la *Tête-Noire*. — Chagrins de famille. — Courses au Blanc, à Argenton, à Courcelles, à Paris. — Suite du roman. — Le général ***. — L'oncle de Beaumont. — Résumé de l'an IX. . . . .　51

CHAPITRE QUATRIÈME.

1802. — Fragments de lettres. — Les *beaux* du beau monde. — Projets de mariage. — Études musicales. — Les Anglais à Paris. — Retour du luxe. — Fête du concordat. — La cérémonie à Notre-Dame. — Attitude des généraux. — Deschartres à Paris. — Départ pour Charleville. — Les bêtes féroces. — Épreuves maçonniques et réception. — Retour des préjugés nobiliaires dans certains esprits. — Réponse à Deschartres. — Consulat à vie. — Déboires de la fonction d'aide de camp en temps de paix. — Disgrâce et mécontentement des états-majors.   88

CHAPITRE CINQUIÈME.

Résumé de l'an X. — Le concordat et M. Thiers. — Esprit religieux sous la république. — Scepticisme de Napoléon. — Le culte de l'Être suprême. — Le concordat et la restauration. — Vote sur le consulat à vie. — Mon père. — La religion de l'amour. . .   137

CHAPITRE SIXIÈME.

Suite des amours. — Rencontre avec les Turcs. — Aventure de M***. — Séparation douloureuse. — Excentricités du général. — Retour à Paris. — Caulaincourt, Ordener, d'Harville. — *Ces dames.* — Le beau monde. — La faveur. — MM. de Vitrolles, Cambacérès, Lebrun. — M. Heckel. — Eugène Beauharnais et lady Georgina. — Poisson d'avril. — Ma tante paternelle   164

CHAPITRE SEPTIÈME.

Séjour à Nohant, retour à Paris et départ pour Charleville. — Bonaparte à Sedan. — Attitude du général

Dupont devant Bonaparte. — Le camp de Boulogne. — Coup de vent à la mer. — Canonnade avec les Anglais. — Le général Bertrand. — Fête donnée à madame Soult au camp d'Ostrohow. — Le général Bisson. — Boutades contre Deschartres. — Adresse de l'armée à Bonaparte pour le prier d'accepter la couronne impériale. — Ma mère au camp de Montreuil. — Retour à Paris. — Mariage de mon père. — Ma naissance. 202

CHAPITRE HUITIÈME.

Date de ce travail. — Mon signalement. — Opinion naïve de ma mère sur le mariage civil et le mariage religieux. — Le corset de madame Murat. — Disgrâce absolue des états-majors. — Déchirement de cœur. — Diplomatie maternelle. 237

CHAPITRE NEUVIÈME.

Suite des lettres. — La cérémonie du couronnement. 261

FIN DE LA TABLE.

www.ingramcontent.com/pod-product-compliance
Lightning Source LLC
Chambersburg PA
CBHW070545160426
43199CB00014B/2380